RAUH NÄCHTE

Reguliere dein Nervensystem

Tanja Suppiger

RAUH NÄCHTE

Reguliere dein Nervensystem

Mit 24 Übungen für mehr Körper-bewusstsein

EMF

EIN BUCH DER EDITION MICHAEL FISCHER

INHALT

GRUNDLAGEN

UMSETZUNG

ABSCHLUSS

VORWORT

Ich freue mich sehr, dass du dieses Buch in den Händen hältst – vielleicht nicht zufällig, sondern weil ein Teil in dir spürt, dass jetzt die Zeit gekommen ist, dich auf eine feine, tiefgehende Reise zu dir selbst einzulassen.

Eine Reise durch die Sperr- und Rauhnächte – jene besonderen Tage zwischen den Jahren, die dich einladen, das Alte zu würdigen, das Vergangene zu integrieren und einen neuen Boden für das Kommende zu bereiten.

Diese Zeit ist keine gewöhnliche Zeit. Sie schenkt dir einen Zwischenraum. Eine Lücke im Getakteten. Einen Atemzug zwischen den Welten. Und sie erinnert dich: Du musst nicht perfekt sein. Du darfst einfach sein. In deiner Tiefe. In deinem Wandel. In deiner Wahrheit.

Vielleicht hast du dich auch schon gefragt, warum es manchen Menschen scheinbar so leichtfällt, ihr Leben zu verändern. Sie setzen sich ein Ziel, treffen eine Entscheidung – und gehen los. Und dann gibt es Menschen, die das ebenso tun, aber immer wieder an den gleichen inneren Grenzen scheitern. Obwohl sie wissen, was sie wollen. Obwohl sie Affirmationen wiederholen, Visionboards basteln und sich motivieren, bleibt die Veränderung aus.

Vielleicht kennst du das auch. Du möchtest dich endlich frei ausdrücken, mutig deinen Weg gehen, deine Wahrheit leben – und dennoch scheint etwas in dir zu zögern. Es fühlt sich an, als würde eine unsichtbare Hand die Handbremse anziehen. Und du fragst dich: Was blockiert mich?

Wenn dich all diese Fragen schon länger begleiten, dann freut es mich von Herzen, dass du gerade jetzt auf dieses Buch gestoßen bist. Oder wer weiß, vielleicht hast nicht du es gefunden, sondern es hat dich gerufen. Ich habe jahrzehntelang nach diesen Antworten gesucht und sie nicht gefunden. Manchmal bin ich daran fast verzweifelt. Manchmal gab es Momente, in denen ich so wütend über mich und die Welt wurde, weil ich scheinbar ständig dieselben Schlaufen zog in meinem Leben und sich nichts wahrhaftig veränderte.

Weil mir niemand die Antworten liefern konnte, habe ich beschlossen, einen radikal anderen Weg einzuschlagen: Ich habe damit begonnen, das Suchen im Außen zu beenden und mir ganz fein zuzuhören, was mein System mir über mich erzählen wollte. Aus diesem Prozess ist feinSEIN entstanden: Mein Coaching-Angebot, mit dem ich meinen Klient*innen helfe, sich wieder ganz zu spüren und in Kontakt mit dem eigenen Körper zu treten. Und so habe ich mich selbst mitgenommen auf diesem Prozess und biete mit diesem Buch einen Raum, der dich einlädt, das Gleiche zu tun. Die Antwort liegt nicht im Kopf. Sie liegt tiefer – in deinem Körper. Genauer gesagt: in deinem autonomen Nervensystem.

Denn Transformation beginnt nicht mit dem Denken, sondern mit dem Spüren. Nicht mit Willenskraft, sondern mit Sicherheit. Nicht mit mehr Kontrolle, sondern mit Verbundenheit. Dein Nervensystem entscheidet darüber, ob du dich sicher genug fühlst, um neue Wege zu gehen. Es prüft jede Veränderung auf Sicherheit – und solange ein Teil von dir noch festhält, wird es dich zurückhalten.

Die Weisheit deines Körpers

Dein Körper trägt eine uralte Intelligenz in sich. Eine Weisheit, die nicht laut ist, aber beständig. Sie zeigt sich in deinen Empfindungen, in deinem Atem, in deiner Anspannung – in dem, was sich manchmal einfach „nicht richtig" anfühlt, auch wenn der Verstand längst Ja gesagt hat. In unserer Gesellschaft haben wir gelernt, über den Körper hinwegzugehen. Ihn zu optimieren, zu trainieren, zu regulieren – aber nicht zuzuhören. Dabei ist er unser sicherster Kompass.

Auf dieser Reise wirst du eingeladen, diesen Kompass wiederzuentdecken. Dein Nervensystem wird nicht repariert – es wird erinnert. An Verbindung. An Sicherheit. An Selbstwirksamkeit. Die Sperr- und Rauhnächte sind der ideale Zeitpunkt dafür: Sie schenken dir einen Raum, in dem du deine innere Landschaft betrachten darfst – sanft, liebevoll, urteilsfrei. Sie laden dich ein, deine Wurzeln zu nähren, bevor du nach den Sternen greifst.

Seit Jahrhunderten gilt die Zeit zwischen den Jahren als eine Schwellenzeit – ein Raum, in dem die Grenze zwischen Vergangenheit und Zukunft, zwischen innen und außen, zwischen deinem alten Selbst und dem neuen, das geboren werden möchte, durchlässig wird. Unsere Ahnen nutzten diese Zeit, um innezuhalten. Um zu lauschen. Um sich mit den Rhythmen des Lebens zu verbinden – nicht mit To-do-Listen, sondern mit Zeremonien, Geschichten, Träumen und Stille.

Heute leben wir in einer Welt, die laut und schnell ist. Eine Welt, in der wir oft funktionieren, statt zu fühlen. In der wir Lösungen suchen, bevor wir das Alte wirklich verstanden haben. Und dennoch: In dir lebt diese uralte Sehnsucht nach Rückverbindung. Nach einem Moment, der nicht von außen kommt, sondern aus deinem Innersten. Die Sperr- und Rauhnächte sind genau dieser Moment.

Die Qualität der Sperrnächte

Vom 8. bis 19. Dezember beginnt der Rückblick. Die Sperrnächte laden dich ein, Monat für Monat des alten Jahres liebevoll zu betrachten. Nicht um zu analysieren – sondern um zu spüren. Um deinem Körper zuzuhören. Um zu erfassen, was noch ungefühlt, unverdaut, ungehalten in dir ruht.

Viele von uns möchten Neues in ihr Leben holen, ohne sich mit dem Alten zu versöhnen. Doch was passiert, wenn du einen Baum pflanzen möchtest, aber der Boden noch voller alter Wurzeln, Steine und trockener Erde ist? Dein Nervensystem braucht Vorbereitung. Es braucht ein inneres Fundament aus Sicherheit, damit Veränderung überhaupt als möglich wahrgenommen werden kann. In den Sperrnächten geht es also nicht ums Loslassen im klassischen Sinn – sondern ums Integrieren. Um das Anerkennen dessen, was war, damit es nicht länger aus dem Verborgenen heraus wirkt.

Die Kraft der Rauhnächte

Wenn am 24. Dezember die Rauhnächte beginnen, setzt auch die Zeit des Neubeginns ein. Jetzt darf das, was du in dir geklärt hast, in eine neue Richtung fließen. Jede Rauhnacht steht symbolisch für einen Monat des kommenden Jahres – und bietet dir die Möglichkeit, nicht nur zu träumen, sondern in deinem ganzen Wesen zu verkörpern, was du dir wirklich wünschst.

- Was möchtest du ausstrahlen?
- Wie willst du dich erleben?
- Was braucht dein Nervensystem, um sich sicher und verbunden zu fühlen?

In kleinen Körperprozessen, Ritualen, Reflexionsfragen und feinen Impulsen wirst du in diesem Buch eingeladen, dich nicht nur kognitiv, sondern somatisch auf das Neue auszurichten. Denn Manifestation ohne Integration ist wie ein Haus ohne Fundament.

Was dich in diesem Buch erwartet

Dieses Buch ist keine Anleitung im klassischen Sinn. Es ist eine Einladung, dich selbst zu erforschen – mit sanfter Neugier, mit Mitgefühl, mit Präsenz. Vielleicht möchtest du ein Notizbuch zur Hand nehmen. Vielleicht einen kleinen Altar errichten. Vielleicht einfach jeden Tag ein paar Minuten der Stille genießen. Es gibt keinen „richtigen" Weg. Es gibt nur deinen feinen Weg. Und du darfst dich einlassen: auf einen Weg fernab von Leistung. Einen Weg, der dich zurück in Verbindung zu dir bringt.

Dieses Buch schenkt dir einen sicheren Raum, um deinem Nervensystem liebevoll zu begegnen. Um zu verstehen, warum du so reagierst, wie du reagierst. Um neue Wege zu erproben, ohne dich zu überfordern. Um dich zu erinnern, dass Heilung nicht immer laut und spektakulär ist – sondern oft leise, sacht, still. Eine Rückkehr zu dir.

Am Ende dieser Reise wirst du vielleicht nicht sagen: „Ich habe mich verändert." Aber: „Ich bin bei mir angekommen."

Jede Sperrnacht schenkt dir Integration. Jede Rauhnacht schenkt dir Ausrichtung. Und dein Nervensystem hält und unterstützt dich dabei – in deinem Tempo, in deiner Tiefe.

Wenn du bereit bist, dich von alten Geschichten zu lösen, ohne sie zu verleugnen. Wenn du bereit bist, Neues zu empfangen, ohne dich selbst zu verlieren. Wenn du bereit bist, dir selbst auf eine neue, zärtliche Weise zu begegnen …

Ich freue mich, dich durch diese besondere Zeit zu begleiten und dich mitzunehmen in die Welt der Sperr- und Rauhnächte und der tiefen Weisheit deines Körpers, deines Geistes und deiner Seele.

In Liebe und Vertrauen,

Tanja

ÜBER DIE AUTORIN

Tanja Suppiger begleitet Menschen auf ihrem Weg zurück zu sich selbst – mit einer Mischung aus verkörperter Präsenz, traumasensibler Tiefe und liebevoller Klarheit.

Als Gründerin von feinSEIN® verbindet sie Nervensystemarbeit, zyklisches Bewusstsein, Beziehungspsychologie und traumasensible Astrologie zu einem Raum, in dem Heilung geschehen darf – still, echt, im eigenen Tempo.

Tanja lebt mit ihrer Familie im Luzerner Seetal. Sie ist Mama von drei frei lernenden Kindern, liebt es, barfuß durch den Wald zu streifen, und kann sehr schweigsam sein, wenn sie morgens noch nicht genug Raum für sich hatte.

Aus eigener Erfahrung weiß sie, wie es sich anfühlt, sich im Außen zu verlieren – und wie kraftvoll der Moment ist, in dem man beginnt, sich selbst wieder zuzuhören. feinSEIN ist aus dieser Erfahrung entstanden – nicht als Methode, sondern als Haltung.

Mit diesem Buch schenkt sie Leser*innen einen sicheren Rahmen für Rückverbindung, Integration und innere Ausrichtung – jenseits von Selbstoptimierung, hin zu echter, verkörperter Beziehung zu sich selbst.

Wenn du die Sperr- und Rauhnächte nicht nur lesen, sondern tief erleben möchtest, lädt dich Tanja Suppiger ein, gemeinsam mit ihr durch diese Zeit zu gehen.

bit.ly/RNSN-retreat

Auf ihrer Website findest du ein kostenfreies, achtsam begleitetes Online-Retreat, das dich sanft durch die Sperrnächte führt – mit täglichen Impulsen, Körperübungen und drei Live-Calls zum Innehalten, Lauschen und Loslassen.

GRUNDLAGEN

TEIL 1

ALLES, WAS DU ÜBER DIE SPERR- UND RAUHNÄCHTE WISSEN MUSST

SPERR- UND RAUHNÄCHTE – ABSCHLUSS UND NEUANFANG DES JAHRES

Zwischen dem 8. Dezember und dem 6. Januar entfaltet sich ein kraftvoller Prozess: Die Sperrnächte helfen uns, das alte Jahr bewusst abzuschließen, während die Rauhnächte uns einladen, die Samen für das neue Jahr zu setzen. Und zwischen diesen beiden Phasen liegt die Wintersonnenwende – der Moment des absoluten Stillstands, der Moment von Tod und Wiedergeburt.

Diese Zeit im Jahr fühlt sich an wie eine Schwelle – ein Übergang zwischen dem, was war, und dem, was kommt. Eine Zeit, in der wir noch nicht ganz im Neuen angekommen sind, aber das Alte schon nicht mehr hält. Ein Atemzug zwischen den Jahren.

In der heutigen Welt beginnt das neue Jahr offiziell mit dem 1. Januar, doch unsere Ahnen haben es anders empfunden. Für sie war der eigentliche Wendepunkt nicht das willkürlich gesetzte Kalenderdatum, sondern der tiefste Punkt des Winters – die Wintersonnenwende, jener heilige Moment, an dem die Sonne scheinbar stillsteht, bevor sie neu geboren wird.

Die Sperrnächte – Rückblick und Integration

Mit dem 8. Dezember beginnt eine Zeit der Reflexion. In den zwölf Tagen der Sperrnächte haben wir die Möglichkeit, bewusst zurückzuschauen. Nicht, um uns in der Vergangenheit zu verlieren, sondern um ihr mit Klarheit und Verständnis zu begegnen.

„Sperrnächte" – der Name stammt aus alten bäuerlichen Traditionen, in denen die Menschen in diesen Tagen begannen, das alte Jahr sprichwörtlich „zu sperren". Ställe wurden gereinigt und geschlossen, Werkzeuge weggeräumt, Felder ruhten. Äußerlich bedeutete das, das vergangene Jahr abzuschließen. Doch diese Zeit war nicht nur eine Phase des äußeren Aufräumens – sie war auch eine Einladung, die inneren Räume zu ordnen.

Jede Sperrnacht steht symbolisch für einen Monat des vergangenen Jahres. Wenn wir uns diesen Nächten bewusst widmen, können wir erkennen:

- welche Erfahrungen dieses Jahr geprägt haben.
- welche Herausforderungen uns geformt haben.
- welche Muster sich durch das Jahr gezogen haben.

Doch anders als oft gedacht, geht es hier nicht um ein bloßes „Loslassen“. Denn was wir nicht wirklich angesehen und integriert haben, wird uns auf andere Weise wieder begegnen. Die Sperrnächte laden uns ein, mit Mitgefühl auf unser Jahr zu blicken – nicht um das Alte wegzudrücken, sondern um es anzunehmen.

Manchmal hält uns nicht das Festhalten zurück, sondern das Unbewusst-Lassen. Veränderung beginnt dort, wo wir bereit sind, unsere Geschichte nicht nur zu erzählen, sondern auch zu fühlen.

Die Wintersonnenwende – Der Nullpunkt zwischen den Zeiten

Zwischen den Sperrnächten und den Rauhnächten gibt es vier Tage, die eine besondere Qualität tragen: die Zeit um die Wintersonnenwende, die meist am 21. Dezember stattfindet.

In diesen Tagen geschieht etwas Einzigartiges: Die Sonne erreicht ihren tiefsten Punkt, und für einige Momente scheint sie stillzustehen. Die Nächte sind am längsten, das Licht ist am schwächsten. Und doch liegt genau hier der Wendepunkt – denn mit dem tiefsten Dunkel beginnt das neue Licht, sich seinen Weg zu bahnen.

Dieser Moment ist mehr als eine astronomische Erscheinung. Er ist ein Symbol für die Rhythmen des Lebens selbst. Die Wintersonnenwende ist der absolute Nullpunkt. Der Moment zwischen dem letzten Ausatmen des alten Jahres und dem ersten Einatmen des neuen Jahreskreises. Ein kosmischer Stillstand, in dem Zeit nicht mehr vorwärtsdrängt, sondern für einen Atemzug innehält. Der Zeitpunkt, an dem Tod und Wiedergeburt miteinander verschmelzen.

Wenn wir in diesen Tagen in die Stille gehen, können wir diesen tiefen Moment spüren. Es ist, als ob sich alles für einen Augenblick ausdehnt, als ob wir in den Raum zwischen Vergangenheit und Zukunft eintreten. Die Wintersonnenwende lädt uns ein, bewusst in dieses Nichts einzutauchen. Denn aus der tiefsten Dunkelheit wird das neue Licht geboren.

Die Rauhnächte – Samen für das neue Jahr setzen

Mit der Heiligen Nacht beginnt ein neuer Abschnitt: Die Rauhnächte, die vom 24. Dezember bis zum 6. Januar dauern, öffnen einen Raum der Neuausrichtung.

Während die Sperrnächte das Alte integrieren, erlauben uns die Rauhnächte, das Neue bewusst zu gestalten. Sie sind eine Einladung, nicht nur über das kommende Jahr nachzudenken, sondern es auf einer tieferen Ebene zu spüren.

Jede der zwölf Rauhnächte steht für einen Monat des neuen Jahres. In dieser Zeit haben wir die Möglichkeit, die Samen für die kommenden Monate zu setzen. Wir können sie einerseits als Wünsche gedanklich formulieren. Andererseits können wir sie als Erfahrungen in unserem Körper verankern. Darum geht es in diesem Buch: Auf der körperlichen Ebene die Grundlage für ganzheitliches Wachstum zu schaffen.

Denn erst, wenn unser Nervensystem spürt, dass eine Veränderung sicher ist, kann sie sich entfalten. Erst, wenn wir in den Rauhnächten nicht nur wünschen, sondern erleben, wie es sich anfühlt, unser Leben in neue Bahnen zu lenken, kann dieser Samen wirklich keimen.

Der Übergang als bewusster Prozess

Die meisten von uns sind es gewohnt, von einem Jahr ins nächste zu hetzen – Adventszeit, Weihnachten, Silvesterfeiern, neue Vorsätze, ein schneller Sprung in den Januar. Doch wahre Veränderung geschieht nicht in Eile. Sie braucht einen Raum, um sich zu formen.

Die Sperrnächte, die Wintersonnenwende und die Rauhnächte sind dieser Raum. Sie laden uns ein, bewusst über die Schwelle zu gehen, nicht als bloßer Kalenderwechsel, sondern als tiefer Prozess von Integration, Stille und Neuausrichtung. Wir können uns fragen:

- Was aus dem alten Jahr darf in Frieden gehen?
- Welche Erfahrungen haben mich geformt, und wie kann ich sie in meine Essenz integrieren?
- Was sind meine innigsten Wünsche und Visionen für das kommende Jahr?

Dieser Prozess geschieht nicht nur in Gedanken, sondern in jeder Zelle unseres Seins. Die Qualität dieser Tage ist nicht dazu da, etwas zu tun, sondern etwas zu fühlen. Die Magie liegt darin, den Raum zwischen den Jahren als genau das zu erkennen, was er ist: ein heiliger Übergang. Ein Moment, in dem wir nicht mehr das Alte sind, aber auch noch nicht ganz das Neue. Ein Atemzug der Schöpfung. Ein Moment in der wahren Präsenz, im Nichts, in dem alles möglich wird.

DIE ALTEN TRADITIONEN UND DAS NEUE BEWUSSTSEIN

Jede Zeit hat ihre eigene Energie, ihre eigenen Herausforderungen, ihr eigenes Bewusstsein. Wir leben nicht mehr in der Welt unserer Ahnen, aber wir tragen ihr Wissen tief in uns.

Unsere Ahnen lebten im Einklang mit der Natur und den Jahreszyklen. Sie folgten nicht einem linearen Zeitverständnis, sondern einem zyklischen Rhythmus, in dem sich das Leben immer wieder erneuerte. Die Dunkelheit des Winters war nicht nur eine Phase des Rückzugs, sondern auch eine Einladung zur Besinnung und Neuorientierung.

Damals gab es weder künstliche Beleuchtung noch die ständige Erreichbarkeit, die unser heutiges Leben oft beschleunigt. Die Rauhnächte waren eine Zeit des Übergangs – von Dunkelheit zu Licht, von Altem zu Neuem. Die Menschen haben die Zeit zwischen den Jahren genutzt, um innezuhalten, das Vergangene zu ehren und sich auf das Kommende auszurichten. Die Rauhnächte, tief verwurzelt in alten Überlieferungen, dienten als Schwellenzeit – eine Phase außerhalb des gewohnten Rhythmus, in der das Leben langsamer wurde, sich nach innen kehrte und den Raum für Wandlung öffnete. In dieser Stille konnten sie die Stimmen ihrer Ahnen hören, Omen deuten und die Zukunft erahnen.

Doch die Welt hat sich verändert.

Heute müssen wir uns nicht mehr vor den Geistern der Dunkelheit schützen oder unsere Häuser mit Räucherwerk von bösen Energien befreien. Wir haben andere Herausforderungen – unser Geist ist oft überladen, unser Nervensystem im Dauerstress, unser Leben getrieben von äußeren Anforderungen. Die alten Rituale der Rauhnächte müssen nicht in ihrer ursprünglichen Form bewahrt werden, doch ihre Essenz bleibt dieselbe: Die Einladung, bewusst durch diesen Übergang zu gehen.

Wir können dabei auf die alten Traditionen zurückgreifen. Viele von ihnen haben einen zutiefst intuitiven Kern: Sie erinnern uns daran, dass das Alte gewürdigt werden muss, bevor das Neue wachsen kann. Sie helfen uns, uns selbst in einem größeren Rhythmus zu verorten und uns als einen kleinen Teil von etwas ganz Großem zu spüren.

Heute brauchen wir keine so starren Regeln oder festgelegten Rituale. Wir dürfen uns erlauben, die alten Traditionen in unser eigenes Leben zu übersetzen – nicht als etwas, das blind übernommen wird, sondern als etwas, das in uns lebendig wird. Es geht nicht darum, die Vergangenheit zu romantisieren oder sich zu streiten, ob und wie unsere Ahnen die Sperr- und Rauhnächte zelebriert haben, sondern darum, ihr Wissen in unser modernes Bewusstsein zu integrieren.

So wie sich unser Leben verändert hat, hat sich auch unser Zugang zur Spiritualität gewandelt. Früher wurden Knochen geworfen, um die Zukunft zu deuten – heute ziehen wir vielleicht eine Tarotkarte oder schreiben unsere Träume auf. Früher wurden die Nächte durch Räucherwerk gereinigt – heute setzen wir klare Intentionen und reflektieren, was wir in unser neues Jahr mitnehmen möchten. Die Tradition lebt nicht in den äußeren Formen weiter, sondern in der Haltung, mit der wir uns dieser Zeit widmen.

Die Rauhnächte und Sperrnächte sind also kein Relikt vergangener Zeiten – sie sind eine lebendige Möglichkeit, unser eigenes Bewusstsein zu vertiefen. In einer Welt, die uns oft nach außen zieht, schenken sie uns die Gelegenheit, wieder nach innen zu lauschen. Sie lehren uns, dass Wandlung ein bewusst gestalteter Prozess ist. Sie zeigen uns, dass Stille nicht leer oder beängstigend ist, sondern voller Antworten. Sie erinnern uns daran, dass jeder Jahreswechsel eine neue Einladung an unser eigenes Sein ist.

Die alten Rituale und das neue Bewusstsein müssen sich nicht widersprechen – sie können sich ergänzen. Denn am Ende geht es nicht darum, wie wir diese Zeit begehen, sondern darum, dass wir sie bewusst erleben. Und so können wir die alte Weisheit mit neuer Klarheit verbinden: Indem wir uns erlauben, bewusst loszulassen. Indem wir spüren, was wirklich in uns lebendig werden möchte. Indem wir den Wandel nicht nur im Außen erwarten, sondern ihn in uns selbst vollziehen. Indem wir die Antworten auf unsere wichtigsten Fragen nicht im Außen, Konzepten oder Strategien suchen, sondern lernen, die Stimme in uns wahrzunehmen, ihr zu vertrauen und zu lauschen.

Die Magie dieser Zeit liegt nicht in den Ritualen selbst, sondern darin, dass wir uns erlauben, in diesen Übergang bewusst einzutauchen. Denn nicht die Rauhnächte sind magisch, sondern unser Bewusstsein, mit dem wir sie durchschreiten.

Integration und Neuanfang – Let's get started

Die Rauhnächte sind eine Einladung. Eine Einladung, in eine tiefere Stille einzutauchen als jene, die wir sonst in unserem Alltag finden. Eine Einladung, die Zeit nicht als etwas zu erleben, das uns durch die Finger rinnt, sondern als einen Raum, der sich öffnet, wenn wir bereit sind, ihm zu lauschen. In diesen besonderen Nächten spricht die Stille mit uns.

Wir nehmen Impulse wahr, die eigentlich immer da sind, doch die im lauten Rhythmus des Alltags überhört werden. Es sind leise Ahnungen, feine Zeichen, die Hinweise darauf geben, was sich durch uns entfalten möchte.

Doch um wirklich mit dieser inneren Stimme in Verbindung zu kommen, braucht es mehr als den Wunsch nach Veränderung. Es braucht einen Zustand von innerer Präsenz, von tiefem Lauschen, von echter Verbindung mit sich selbst. Und genau darin liegt die Magie dieser Zeit: Sie bringt uns zurück in den Moment.

Warum die Rauhnächte so machtvoll sind

Nie ist die Welt stiller als in diesen Tagen. Während das Jahr sich schließt, fällt eine natürliche Ruhe über die Zeit. Die meisten von uns haben ein paar Tage frei, die Geschäftigkeit des Alltags ebbt ab, und mit ihr das Gefühl, ständig funktionieren zu müssen.

Diese Tage sind kostbar, denn sie schenken uns eine Pause – nicht nur äußerlich, sondern auch innerlich. In der Entspannung beginnt etwas in uns aufzutauen, unsere Gedanken dürfen zur Ruhe kommen, unser Körper darf sich ausdehnen, unser Nervensystem darf sich neu ausrichten. Aus dieser Ruhe heraus geschieht etwas Magisches: Wir beginnen, feiner wahrzunehmen.

Dort, wo sonst Lärm ist, entsteht Klarheit. Dort, wo sonst Druck ist, entsteht Raum. Dort, wo sonst Zweifel sind, entsteht ein Wissen – nicht aus dem Kopf, sondern aus der Tiefe.

Doch diese Magie braucht einen Nährboden. Sie kann sich nicht entfalten, wenn unser System noch voller Unruhe, ungelöster Themen oder alter emotionaler Spannungen ist. Deshalb sind die Sperrnächte so essenziell.

Die Sperrnächte – Den Boden bereiten, bevor du säst

Stell dir einen Acker vor, auf dem die Erde hart ist, auf dem altes, vertrocknetes Pflanzenmaterial liegt, auf dem der Boden ausgelaugt ist. Würdest du hier Samen aussäen, würden sie kaum Wurzeln schlagen. Genauso ist es mit unseren inneren Prozessen.

Die Sperrnächte helfen uns, den Boden vorzubereiten – ihn zu lockern, zu nähren, das Alte bewusst zu betrachten, damit Neues überhaupt wachsen kann.

Viele Menschen möchten sofort ins Manifestieren gehen, ihre Visionen erschaffen, sich neue Ziele setzen. Doch wenn wir nicht vorher einen bewussten Abschluss mit dem Vergangenen finden, bleibt Veränderung oberflächlich. Die Sperrnächte bieten uns die Möglichkeit:

- innere Blockaden zu erkennen und sanft zu lösen, bevor wir neue Wege gehen.
- alte Glaubenssätze bewusst in unser Nervensystem zu integrieren, anstatt gegen sie anzukämpfen.
- unser Körpersystem in einen Zustand zu bringen, der echte Veränderung erst möglich macht.

Die Integration geschieht nicht im Kopf – sie geschieht in jeder Zelle unseres Körpers. Erst wenn unser Nervensystem begreift, dass das Alte verarbeitet ist, entsteht echter Raum für das Neue.

Vielleicht spürst du nach den Rauhnächten einen zarten Impuls, etwas in deinem Leben zu verändern. Und vielleicht möchtest du wissen, wie du diese innere Ausrichtung mitnehmen kannst – über die Schwelle hinaus, hinein ins neue Jahr. Die Impulse, die dir in den Rauhnächten begegnen, sind keine To-dos. Sie sind Samen. Feine Hinweise. Und wie jeder Samen brauchen sie Zeit, Raum, Pflege. Sie sind nicht dazu da, sofort umgesetzt zu werden, sondern begleiten dich in deinem Tempo. Deshalb kann es wertvoll sein, diese neue Routine mit kleinen, bewussten Schritten ins Jahr mitzunehmen:

- Zum Monatsanfang oder Neumond kannst du deine Notizen lesen. Was hat sich gezeigt? Welche Themen sind jetzt präsent?
- Spüre dann, wie sich deine Wünsche anfühlen. Manches, was sich in den Rauhnächten groß anfühlte, verliert an Bedeutung – anderes wird noch klarer.
- Eigne dir außerdem eine Routine an, um dein Nervensystem zu unterstützen. Kleine Rituale, bewusste Atmung, Momente des Innehaltens – all das hilft, den inneren Wandel sanft zu begleiten.

Die Rauhnächte im Sinne von feinSEIN bedeuten, dass wir Integration und Transformation nicht als Gegensätze, sondern als zwei Seiten eines sanften Veränderungsprozesses verstehen.

- Integration ist die Basis. Ohne sie bleibt Veränderung oberflächlich, denn unser Nervensystem hält uns in alten Mustern zurück. Nicht, weil wir zu dumm oder zu wenig bewusst wären, sondern weil unser Nervensystem gelernt hat, uns zu schützen.
- Transformation geschieht erst, wenn unser System sich sicher fühlt. Kein Druck, kein erzwungenes Manifestieren, sondern eine innere Bewegung, die sich entfaltet, wenn dein Körper bereit dazu ist.

Wenn wir in dieser Zeit tief lauschen, erlauben wir uns, mit uns selbst in eine ganz neue Verbindung zu treten. Nicht nur durch Gedanken, sondern durch Spüren.

Ein Raum für dein feines Nervensystem

Diese Zeit gibt uns die Möglichkeit, neue Wege nicht nur zu denken – sie erlaubt uns, Veränderung im Körper zu verankern. Denn wenn wir unser Nervensystem nicht mitnehmen, bleibt Transformation eine einfache Idee, die nicht umgesetzt (manifestiert) werden kann. Wenn unser Körper in Anspannung ist, wird er jedes neue Vorhaben als Bedrohung empfinden und aus einem Flucht- oder Kampfmodus heraus agieren.

Wenn unser Nervensystem nicht reguliert ist, fühlen sich selbst gewünschte Veränderungen instabil an und bieten Nährboden für Zweifel, Unsicherheiten und Prokrastination. Wenn wir versuchen, gegen uns selbst zu arbeiten, bleibt die Veränderung ein harter Kampf, den wir auf Teufel komm raus gewinnen müssen, statt ein natürlicher, leichter Fluss. Die Magie der Rauhnächte liegt genau hier: Wir erschaffen einen Raum, in dem wir uns selbst in der Tiefe erfahren können. Ohne Druck, denn Wandel geschieht nicht durch Zwang, sondern durch sanfte Öffnung. In Verbindung mit unserem Körper, damit Veränderung nicht nur gedacht, sondern gespürt und manifestiert wird. Mit dem Wissen, dass alles, was sich in dieser Zeit zeigt, genau zur richtigen Zeit in unser Leben tritt. Wenn wir in den Rauhnächten neue Samen setzen, beginnt sich unser Leben zu wandeln – nicht auf einmal, sondern in einem feinen, lebendigen Prozess.

Die Magie der Rauhnächte liegt nicht nur in den Tagen selbst, sondern darin, dass sie einen roten Faden für das gesamte Jahr weben. Sie helfen dir, Samen zu setzen, die sich über Monate entfalten. Sie zeigen dir, wie tief du deine Veränderung wirklich verankern kannst. Sie verbinden dich mit einer feineren Wahrnehmung für deine innere und äußere Realität.

Die Rauhnächte sind eine Zeit der bewussten Schöpfung. Lass diesen Prozess nicht am 6. Januar enden. Lass ihn den Beginn einer neuen Art sein, mit dir und deinem Leben in Verbindung zu stehen. Denn wenn du dich wirklich einlässt, wenn du die Stille durch dich sprechen lässt, wenn du deine innere Welt mit Bewusstsein gestaltest – dann erschaffst du nicht nur ein neues Jahr. Dann erschaffst du dich selbst ganz neu und ganz fein.

Vielleicht spürst du es schon: Die Rauhnächte sind nicht nur eine Einladung nach innen – sie öffnen auch einen Raum für echte, spürbare Veränderung. Doch damit diese Veränderung nicht im Geist stecken bleibt, sondern sich in deinem Leben verankern kann, braucht es mehr als gute Vorsätze oder schöne Rituale. Dein Körper – und vor allem dein Nervensystem – spielt dabei eine zentrale Rolle.

In den kommenden Kapiteln schauen wir gemeinsam darauf, wie du mit deinem Körper arbeiten kannst, ohne dich zu überfordern. Wie du dein Nervensystem einlädst, sich sicherer, weiter, verbundener zu fühlen – damit das, was du in den Rauhnächten gespürt hast, Wurzeln schlagen darf.

TEIL 2

ALLES, WAS DU ÜBER DEIN NERVENSYSTEM WISSEN MUSST

WAS IST DAS AUTONOME NERVENSYSTEM?

Unser Körper ist ein unglaublich fein abgestimmtes System. Ohne dass wir bewusst darüber nachdenken müssen, reguliert er unsere Atmung, unseren Herzschlag, unsere Verdauung. Wir stehen morgens auf, bewegen uns durch den Tag, verarbeiten Reize und Emotionen – und all das geschieht, während unser Nervensystem unermüdlich dafür sorgt, dass wir uns anpassen, schützen und überleben.

Das autonome Nervensystem ist das unsichtbare Steuerungszentrum dieses Prozesses. Es sorgt dafür, dass unser Körper auf Veränderungen in unserer Umgebung reagiert, ohne dass wir es bewusst steuern müssen. Es ist der feine, innere Mechanismus, der entscheidet, ob wir uns sicher und entspannt fühlen oder ob wir uns verteidigen und schützen müssen.

Doch oft erkennen wir gar nicht, wie sehr unser Nervensystem unser Erleben beeinflusst. Warum geraten wir in bestimmten Situationen immer wieder in Stress? Warum fällt es uns so schwer, uns zu entspannen, selbst wenn wir es wollen? Warum fühlen wir uns manchmal wie blockiert, ohne genau zu wissen, warum? Die Antwort liegt in den tief verwobenen Strukturen unseres autonomen Nervensystems.

Das autonome Nervensystem als Brücke zwischen Körper und Geist

Das Wort „autonom" bedeutet, dass dieses System weitgehend selbstständig, also ohne unser bewusstes Zutun, arbeitet. Es reguliert lebenswichtige Funktionen wie Atmung, Kreislauf, Stoffwechsel und Immunsystem – ohne dass wir darüber nachdenken müssen. Doch es beeinflusst weit mehr als nur unsere körperlichen Abläufe.

Unser autonomes Nervensystem ist die Brücke zwischen unserer äußeren Welt und unserer inneren Wahrnehmung. Es entscheidet blitzschnell, ob wir uns entspannen dürfen oder ob wir in Alarmbereitschaft gehen.

- Wenn wir uns sicher fühlen, entspannt sich unser Körper, unser Atem wird tiefer, unsere Verdauung funktioniert optimal.
- Wenn unser System Unsicherheit oder Gefahr wahrnimmt, wird unser Körper auf Überleben umgestellt – oft lange bevor wir es bewusst bemerken.

Unser autonomes Nervensystem ist also nicht nur eine körperliche Funktion, sondern ein Spiegel dessen, wie wir uns in der Welt fühlen. Das autonome Nervensystem besteht aus zwei Hauptzweigen, die in einem ständigen Wechselspiel miteinander arbeiten.

1. Der Sympathikus – Die Kraft der Aktivierung

Der sympathische Zweig ist unser innerer Beschleuniger. Er wird aktiv, wenn unser Körper Energie benötigt – sei es, um eine Herausforderung zu meistern, auf eine Gefahr zu reagieren oder einfach nur aktiv zu werden.

- Er sorgt dafür, dass unser Herz schneller schlägt, unsere Muskeln sich anspannen und unser Körper leistungsbereit wird.
- Er aktiviert das sogenannte Kampf- oder Flucht-System, das uns hilft, mit Stresssituationen umzugehen.

Früher bedeutete dies, dass wir auf eine reale Bedrohung reagieren mussten – zum Beispiel, wenn ein wildes Tier vor uns stand. Heute wird unser Sympathikus jedoch oft durch ganz andere Dinge aktiviert: Termindruck, ständige Erreichbarkeit, emotionale Konflikte. Unser Körper macht dabei keinen Unterschied zwischen einer echten Bedrohung und einem mentalen Stressor – die Reaktion bleibt aber dieselbe.

2. Der Parasympathikus – Die Kraft der Regeneration

Der parasympathische Zweig ist das Gegengewicht dazu: unser inneres Beruhigungssystem, das uns hilft, zu entspannen, zu regenerieren und zu verdauen – nicht nur körperlich, sondern auch emotional.

- Er senkt unseren Puls, verlangsamt die Atmung und sorgt für ein Gefühl von Ruhe.
- Er ist die Kraft hinter tiefen Momenten der Entspannung, der inneren Sicherheit und der Regeneration.

Wenn wir uns vollständig sicher fühlen, kann der Parasympathikus seine Arbeit tun – unser Körper kann sich reparieren, unser Nervensystem kann sich regulieren, wir können uns auf das Wesentliche konzentrieren.

Idealerweise arbeiten Sympathikus und Parasympathikus in einem harmonischen Wechselspiel. Doch viele Menschen erleben heute ein Nervensystem, das nicht mehr in Balance ist.

- Zu viel Sympathikus-Aktivität: Wir fühlen uns ständig unter Strom, haben Schwierigkeiten zu entspannen, schlafen schlecht oder erleben innere Unruhe.
- Zu wenig Parasympathikus-Aktivierung: Wir fühlen uns erschöpft, leer oder abgekoppelt von uns selbst, weil unser Körper keine Möglichkeit zur echten Regeneration findet.

Dieses Ungleichgewicht führt nicht nur zu emotionalem Stress – es wirkt sich auch direkt auf unseren Körper aus. Chronische Verspannungen, Verdauungsprobleme, hormonelle Disbalancen – all das sind Zeichen dafür, dass unser Nervensystem nicht mehr frei schwingen kann.

Vielleicht hast du das selbst schon erlebt: Du weißt im Kopf, dass sich etwas verändern soll – aber dein Körper hält fest. Du wünschst dir Leichtigkeit – aber dein Brustkorb bleibt eng.

Du setzt dir neue Ziele und trotzdem schleichen sich alte Muster zurück. Das ist kein Zeichen von Schwäche. Es ist ein Zeichen von Schutz. Und genau hier beginnt der eigentliche Wandel: nicht über den Verstand, sondern über das Nervensystem. Das autonome Nervensystem ist der Schlüssel zu einer tiefen, nachhaltigen Transformation. Denn wenn wir verstehen, wie es funktioniert, können wir beginnen, bewusst mit ihm zu arbeiten – statt dagegen.

Statt uns selbst zu zwingen, „ruhig zu bleiben", können wir verstehen, warum unser Körper Alarm schlägt. Statt gegen Stress anzukämpfen, können wir ihm gezielt Signale der Sicherheit senden. Statt uns zu fragen, warum wir in alten Mustern feststecken, können wir beginnen, unser Nervensystem sanft in neue Zustände zu führen. Diese Arbeit ist kein rein mentales Konzept – sie ist ein tiefes Spüren, ein langsames, bewusstes Einlassen auf den eigenen inneren Rhythmus.

Das Nervensystem als Grundlage für die Rauhnächte

Warum spielt das Nervensystem eine so große Rolle in den Rauhnächten? Weil es der Boden ist, auf dem jede Erfahrung wächst.

Die Rauhnächte sind eine Zeit der inneren Ausrichtung. Eine Zeit, in der du dich mit deiner Essenz verbindest, alte Spuren integrierst und neue Samen für das kommende Jahr säst.

Das Ziel dieser Reise ist tiefgreifende Transformation. Doch echte Wandlung geschieht nicht allein durch neue Erkenntnisse oder kluge Gedanken. Sie gelingt nur, wenn dein Körper bereit ist, sie zu empfangen. Und dafür braucht es einen inneren Zustand von Sicherheit.

Nur wenn dein Nervensystem nicht im Überlebensmodus ist, sondern in Regulation – nur wenn dein System sich gehalten fühlt – kann sich dein Inneres wirklich öffnen für Veränderung, Neuausrichtung, Wachstum. Deshalb ist das Nervensystem nicht irgendein Teil dieser Reise, es ist die stille Kraft im Hintergrund, die entscheidet, wie tief du gehen kannst. Wie weit du dich öffnen kannst. Wie sanft du dich selbst dabei begleitest.

Wenn du beginnst, dein Nervensystem zu verstehen, kannst du anfangen, bewusst mit ihm zu arbeiten, statt gegen dich selbst.

Wenn dein Nervensystem in Anspannung ist, wird es schwer sein, wirklich in die Stille einzutauchen. Wenn dein System sich jedoch sicher fühlt, kann sich die feine Wahrnehmung öffnen – wir können spüren, was sich in uns entfalten möchte.

Deshalb arbeiten wir in diesem Buch nicht nur mit Reflexionen und Ritualen, sondern mit einer tiefen Verankerung im Körper. Denn die wahre Magie geschieht nicht im Kopf. Sie geschieht in der Art, wie wir uns selbst erleben. Wie wir uns spüren. Wie wir uns wahrnehmen. Wie wir uns lauschen und neue Impulse setzen können, um noch feiner mit uns zu sein. Und genau dort beginnt der Wandel und die große Transformation.

DIE ZUSTÄNDE DES AUTONOMEN NERVENSYSTEMS

Unser Nervensystem ist in einem ständigen Wechselspiel. Es reagiert auf unsere Umwelt, auf innere Prozesse, auf Emotionen – oft lange bevor wir bewusst bemerken, was in uns geschieht. Wenn wir verstehen, wie unser Nervensystem funktioniert, können wir bewusster mit ihm arbeiten. Wir können lernen, welche Zustände uns in Balance bringen, welche uns herausfordern – und wie wir uns sanft in die Regulation zurückführen können. Wie wir bereits wissen, arbeitet das autonome Nervensystem mit zwei Hauptsystemen:

1. Der Sympathikus aktiviert uns und bereitet uns auf Reaktion vor.
2. Der Parasympathikus sorgt für Entspannung und Erholung und wird durch den sogenannten Vagusnerv reguliert, den wir uns in diesem Kapitel genauer anschauen.

Der Vagusnerv – Die Brücke zur inneren Regulation

Der Vagusnerv ist der bedeutendste Nerv des parasympathischen Nervensystems und spielt eine zentrale Rolle in der Regulation unseres inneren Gleichgewichts. Er beeinflusst nahezu alle lebenswichtigen Prozesse im Körper: Atmung, Herzschlag, Verdauung, Immunsystem und emotionale Regulation.

Was viele nicht wissen: Der Vagusnerv ist der zehnte Hirnnerv und der größte Nerv des parasympathischen Systems. Er entspringt direkt aus dem Hirnstamm und verläuft von dort aus durch den gesamten Körper. Dabei passiert er zahlreiche Organe, unter anderem Herz, Lunge, Verdauungstrakt und Zwerchfell.

Etwa auf der Höhe des Zwerchfells teilt sich der Vagusnerv in zwei Hauptäste: Den ventralen Vagusast (Vorderseite)und den dorsalen Vagusast (Rückseite). Diese beiden Äste hängen direkt mit den beiden wichtigsten Zuständen des parasympathischen Nervensystems zusammen – dem ventral-vagalen Zustand (Sicherheit & Verbundenheit) und dem dorsal-vagalen Zustand (Erstarrung & Rückzug).

Der ventrale Vagus – Sicherheit und soziale Verbindung

Der ventrale Ast des Vagusnervs steuert vor allem die oberen Körperbereiche – Gesicht, Stimme, Herz und Lunge. Wenn dieser Teil des Vagusnervs aktiv ist, erleben wir:

- Entspannung ohne Lethargie – unser Körper ist ruhig, aber wach.
- Verbundenheit – wir fühlen uns sicher, sozial und zugewandt.
- Regulierte Atmung und Herzfrequenz – der Herzschlag ist ruhig, die Atmung fließt frei.
- Gute Verdauung und Immunfunktion – der Körper befindet sich in einem regenerativen Zustand.

Der dorsale Vagus – Erstarrung und Rückzug

Der dorsale Ast des Vagusnervs verläuft entlang der Wirbelsäule und versorgt vor allem die unteren Organe – Magen, Darm, Nieren und Fortpflanzungssystem.

Wenn dieser Teil des Vagusnervs überaktiv wird, schaltet unser Körper in einen Schutzmodus:

- Der Stoffwechsel verlangsamt sich, um Energie zu sparen.
- Die Atmung wird flacher, die Muskeln verlieren Spannung.
- Gefühle von Leere, Taubheit oder Rückzug entstehen.

Vielleicht erkennst du dich in manchen dieser Zustände wieder: in der Erschöpfung, die nicht weggeht, obwohl du schläfst. In dem inneren Rückzug, obwohl du dir Verbindung wünschst. In diesem seltsamen Taubheitsgefühl, das schwer zu greifen ist, aber so vertraut. Und vielleicht fragst du dich: Warum reagiere ich so? Was genau passiert da in mir? Um das zu verstehen – und um einen neuen Umgang mit dir selbst zu finden – lohnt es sich, den Vagusnerv näher kennenzulernen.

Der Vagusnerv bestimmt, ob wir uns sicher fühlen oder ob unser Körper in einen Schutzmodus geht. Wenn der Vagusnerv durch die hohen Anforderungen unseres modernen Alltags geschwächt oder blockiert ist, fällt es schwer, sich aus Stress- oder Angstzuständen zu befreien. Unser System bleibt dann entweder in einem Zustand permanenter Aktivierung (Sympathikus) oder in Erstarrung (Dorsalvagus). Doch das Gute ist: Wir können den Vagusnerv bewusst aktivieren.

- Durch Atemübungen, die den ventralen Vagus stimulieren und das Nervensystem beruhigen.
- Durch sanfte Bewegung, die hilft, den Körper aus Erstarrung zu lösen.
- Durch Berührung und soziale Nähe, die Sicherheit vermitteln.

Eine bewusste Arbeit mit dem Vagusnerv kann uns helfen, schneller in den ventral-vagalen Zustand zurückzufinden, wo wir uns sicher, verbunden und geerdet fühlen. Indem wir den Vagusnerv verstehen, erkennen wir, dass unser Nervensystem nicht nur ein automatisches Schutzsystem ist, sondern eine Brücke zwischen unserer inneren Welt und unserer Fähigkeit, das Leben in seiner Fülle zu erfahren.

Die Zustände des autonomen Nervensystems – Hauptzustände und Mixed States

Unser Nervensystem befindet sich in einem ständigen Wechselspiel zwischen Aktivierung und Entspannung, Schutz und Öffnung, Überleben und Verbundenheit. Jeder Moment unseres Erlebens wird durch den Zustand unseres autonomen Nervensystems beeinflusst.

Diese Zustände sind nicht bewusst gesteuert – sie entstehen automatisch, je nachdem, ob unser Körper Sicherheit oder Gefahr wahrnimmt. Wir wechseln oft mehrmals am Tag zwischen diesen Zuständen, ohne es bewusst zu bemerken. Um dieses System besser zu verstehen, lassen sich die Zustände in drei Hauptkategorien unterteilen:

1. Ventral-vagale Aktivierung
   Sicherheit und Verbundenheit
2. Sympathische Aktivierung
   Kampf oder Flucht
3. Dorsal-vagale Aktivierung
   Erstarrung und Rückzug

Doch oft befinden wir uns nicht nur in einem reinen Zustand, sondern in einer Überlagerung zweier Zustände. Diese Mischzustände nennt man Mixed States. Sie erklären, warum wir manchmal gleichzeitig erschöpft und aufgewühlt sind oder warum wir uns äußerlich angepasst verhalten, obwohl unser Körper in Alarmbereitschaft ist.

Die drei Hauptzustände …

1. Ventral-vagale Aktivierung – Sicherheit & Verbundenheit („Flow & Connection“)

Wenn der ventrale Vagusast aktiv ist, fühlen wir uns sicher. Unser Körper entspannt sich, unser Geist ist klar, und wir können mit unserer Umwelt in Verbindung treten.

Merkmale dieses Zustands:

- Du fühlst dich geerdet, präsent und wach.
- Deine Atmung ist ruhig und tief.
- Dein Herzschlag ist gleichmäßig.
- Du kannst klar denken, kreativ sein und dich mit anderen Menschen verbinden.
- Dein Körper befindet sich in einem regenerativen Zustand – deine Verdauung und dein Immunsystem arbeiten optimal.

Warum ist dieser Zustand so wichtig?

Hier geschieht Lernen, Heilung und Wachstum. Unser Nervensystem ist in Balance – wir können mit Herausforderungen umgehen, ohne in Stress oder Angst zu verfallen.

Wie kannst du diesen Zustand fördern?

- Durch ruhige Atmung (verlängertes Ausatmen aktiviert den Vagusnerv).
- Durch Bewegung, die Freude macht und Sicherheit vermittelt.
- Durch tiefe soziale Verbindungen mit Menschen, bei denen du dich wohlfühlst.

2. Sympathische Aktivierung – Kampf oder Flucht („Fight & Flight“)

Wenn unser Nervensystem eine Bedrohung wahrnimmt, schaltet es in den sympathischen Zustand. Der Körper bereitet sich darauf vor, aktiv zu werden – sei es durch Flucht oder Kampf.

Merkmale dieses Zustands:

- Dein Herz schlägt schneller, deine Atmung wird flacher.
- Deine Muskeln spannen sich an.
- Du hast das Gefühl, „etwas tun zu müssen“, um die Spannung loszuwerden.
- Deine Gedanken rasen, du bist unruhig oder gereizt.

Warum ist dieser Zustand so wichtig?

Dieser Zustand hilft uns, Gefahren zu bewältigen, Leistung zu erbringen und Herausforderungen zu meistern. Doch wenn wir hier steckenbleiben, führt das zu Stress, innerer Unruhe und Erschöpfung.

Wie kannst du dich regulieren?

- Durch Bewegung, um überschüssige Energie abzuleiten.
- Durch Atemtechniken (verlängertes Ausatmen hilft, den Sympathikus zu beruhigen).
- Durch bewusste Berührung, um dem Körper ein Signal von Sicherheit zu senden.

3. Dorsal-vagale Aktivierung – Erstarrung & Rückzug („Shutdown“)

Wenn unser Nervensystem eine Bedrohung als zu groß empfindet und weder Kampf noch Flucht möglich ist, schaltet es auf dorsale Vagusaktivierung.

Merkmale dieses Zustands:

- Dein Körper wird schwer oder taub.
- Deine Atmung wird flacher, dein Herzschlag langsamer.
- Du hast das Gefühl, emotional abgeschnitten zu sein.
- Du fühlst dich kraftlos oder hast das Bedürfnis, dich zurückzuziehen.

Warum ist dieser Zustand so wichtig?

Dieser Zustand schützt uns vor Überforderung – er hilft uns, in Momenten extremer Belastung nicht vollständig zusammenzubrechen. Doch wenn wir hier steckenbleiben, fühlt sich das Leben leer und bedeutungslos an.

Wie kannst du dich daraus lösen?

- Durch sanfte Aktivierung – kleine Bewegungen, Wärme, Berührung.
- Durch langsam aufbauende Reize, um das System aus der Erstarrung zu führen.
- Durch Verbindung mit anderen, die Sicherheit ausstrahlen.

Mixed States – Wenn Zustände sich überlagern

Unser Nervensystem kennt nicht nur klare Zustände – oft befinden wir uns in Übergangszuständen, in denen zwei Systeme gleichzeitig aktiv sind.

1. Freeze – Erstarrung mit innerer Unruhe (Sympathikus + dorsal-vagale Aktivierung)

- Dein Körper ist erstarrt, aber innerlich bist du aufgewühlt.
- Deine Gedanken rasen, aber dein Körper fühlt sich schwer an.
- Du fühlst dich gefangen, unfähig, zu handeln.

Beispiel: *Wenn du eine Überforderung spürst, dich aber nicht bewegen kannst, ist dein System in Freeze – dein Körper und Geist sind in einem Konflikt zwischen Aktivierung und Abschalten.*

2. Fawn Response – Anpassung & Unterwerfung (Sympathikus + ventral-vagale Aktivierung)

- Du fühlst dich innerlich gestresst, versuchst aber, es anderen recht zu machen.
- Du unterdrückst deine eigenen Bedürfnisse, um akzeptiert zu werden.
- Du bist überangepasst und stellst andere über dich selbst.

Beispiel: *Wenn du dich selbst zurücknimmst, um Konflikte zu vermeiden, ist dein System in Fawn – dein Überlebensinstinkt sagt dir, dass Anpassung der sicherste Weg ist.*

3. Mobilisiert, aber verbunden (Sympathikus + ventrale Aktivierung)

- Dein Körper ist aktiv, aber du fühlst dich gleichzeitig sicher.
- Du hast Energie, aber keine Angst.
- Du bist motiviert, begeistert und kannst deine Energie positiv nutzen.

Beispiel: *Wenn du mit Freude an einem Projekt arbeitest oder dich auf eine Herausforderung freust, bist du in diesem Zustand.*

Unser Nervensystem bewegt sich ständig zwischen diesen Zuständen – manchmal unmerklich, manchmal in klaren Wechseln. Wenn du erkennst, wo du dich gerade befindest, kannst du lernen, dich sanft in Richtung Balance zu bewegen. Wenn du spürst, dass du in Alarmbereitschaft bist, kannst du bewusst regulierende Techniken anwenden. Wenn du merkst, dass du dich zurückziehst, kannst du sanft wieder in Verbindung gehen. Diese Arbeit ist kein „Umschalten“, sondern ein feines, bewusstes Wahrnehmen und Anpassen.

Nervensystem & Rauhnächte – Ein Raum der bewussten Regulation

Während der Rauhnächte haben wir die Möglichkeit, unser Nervensystem bewusst zu beobachten: Welche Zustände tauchen in der Stille auf? Wann erlebe ich Sicherheit, wann Unruhe, wann Rückzug? Wie kann ich mir selbst mehr Sicherheit schenken?

Diese bewusste Innenschau hilft uns, unser eigenes System besser zu verstehen – und uns selbst sanft in Balance zu führen. Denn wahre Veränderung beginnt nicht im Kopf. Sie beginnt im Nervensystem. Und genau darum geht es in den Rauhnächten: ein Raum für tiefe, nachhaltige Veränderung zu sein.

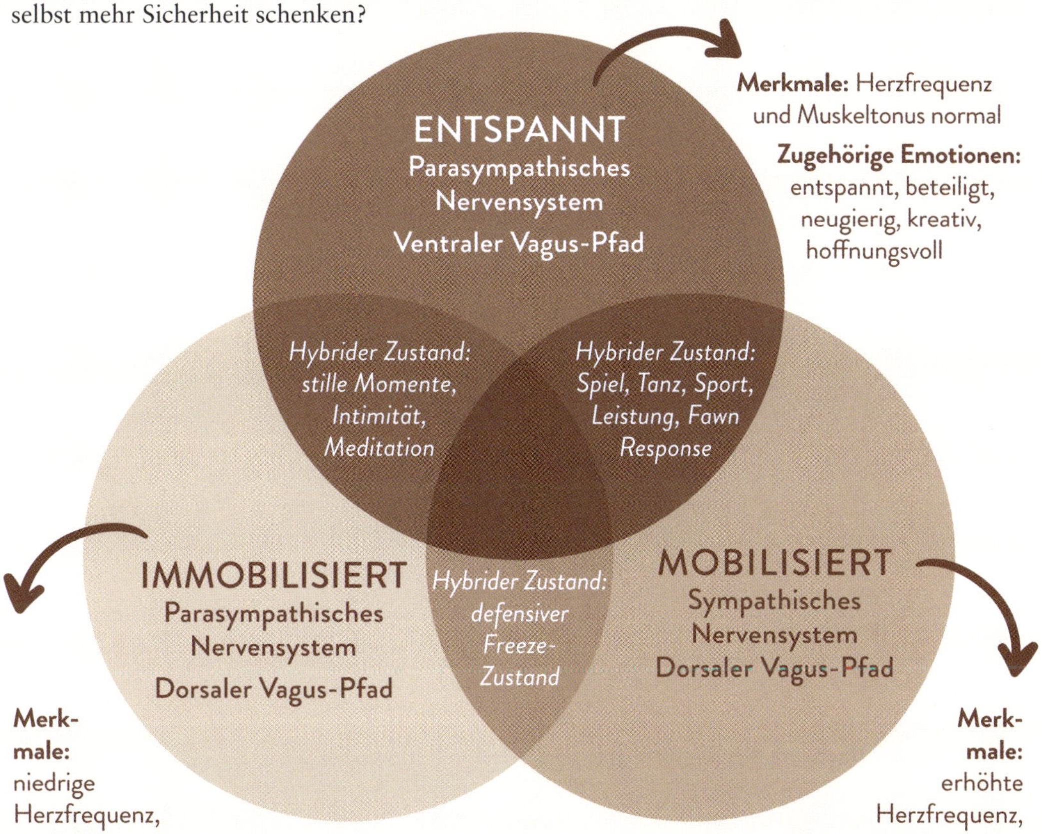

Merkmale: Herzfrequenz und Muskeltonus normal

Zugehörige Emotionen: entspannt, beteiligt, neugierig, kreativ, hoffnungsvoll

Merkmale: niedrige Herzfrequenz, niedriger Muskeltonus, geringe Energie

Zugehörige Emotionen, wenn man sich sicher fühlt: glückselig, verträumt, ruhig, meditativ

Zugehörige Emotionen, wenn man sich unsicher fühlt: depressiv, unglücklich, einsam, hoffnungslos

Merkmale: erhöhte Herzfrequenz, erhöhter Blutdruck und Hormonfluss, erhöhter Muskeltonus

Zugehörige Emotionen, wenn man sich sicher fühlt: energiegeladen, aktiv, spielerisch, motiviert

Zugehörige Emotionen, wenn man sich unsicher fühlt: Kampf/Flucht, gestresst, nervös, ängstlich

DAS STRESSTOLERANZ-FENSTER

Jeder Mensch hat einen individuellen Bauplan von seinem autonomen Nervensystem, das auf seine ganz eigene Weise auf äußere Reize reagiert. Es gibt Tage, an denen wir uns belastbar fühlen, mit Herausforderungen gelassen umgehen und flexibel bleiben. Und dann gibt es Momente, in denen uns schon die kleinste Unruhe aus der Bahn wirft, unser Herz rast, unsere Gedanken sich überschlagen oder wir innerlich erstarren. Diese Unterschiede haben nichts mit „Stärke" oder „Schwäche" zu tun – sie hängen mit unserem Stresstoleranzfenster zusammen.

Was ist das Stresstoleranzfenster?

Das Stresstoleranzfenster, auch Window of Tolerance genannt, beschreibt den Bereich, in dem unser Nervensystem optimal reguliert ist.

- Innerhalb dieses Fensters fühlen wir uns ruhig, präsent und handlungsfähig. Wir können auf Herausforderungen reagieren, ohne dass unser Nervensystem in Überforderung kippt. Wir bewegen uns im ventral-vagalen Zustand. Das Stresstoleranzfenster gibt uns die Bandbreite von diesem Zustand an.
- Außerhalb dieses Fensters geraten wir entweder in eine Überaktivierung (Stress, Kampf- oder Fluchtmodus) oder in eine Unteraktivierung (Erstarrung, Rückzug, emotionale Taubheit).

Dieses Fenster ist nicht bei jedem Menschen gleich groß. Es kann durch verschiedene Faktoren beeinflusst werden – Erfahrungen aus der Kindheit, Traumata, aktuelle Belastungen oder langfristige Stressmuster. Manche Menschen haben ein sehr schmales Stresstoleranzfenster, sodass sie schnell aus der Balance geraten, während andere eine größere Spannbreite an Herausforderungen integrieren können.

Das bedeutet ganz konkret: Ein großes Stresstolarenzfenster bietet viel Raum für den ventral-vagalen Zustand – ein kleines dagegen macht es schwieriger, diesen Zustand zu finden und zu halten. Also Verbundenheit, Sicherheit und Entspannung zu fühlen.

Das Ziel ist nicht, „nie wieder Stress zu haben", sondern unser Fenster zu erweitern – damit unser Nervensystem flexibel bleibt und sich selbst regulieren kann.

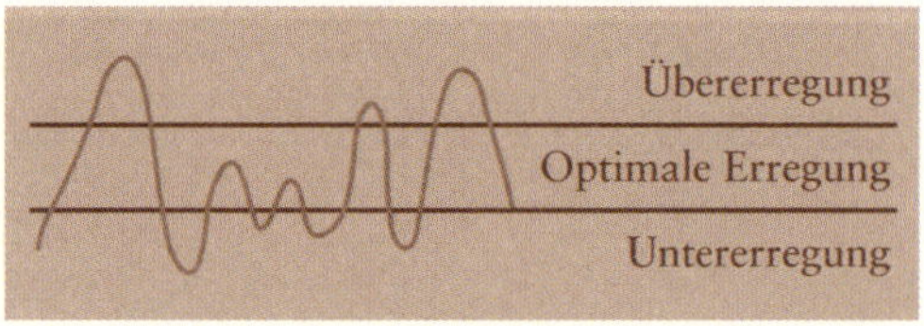

Wie unser Nervensystem auf Stress reagiert – Über- und Untererregung

Wenn wir unser Stresstoleranzfenster verlassen, kann unser Nervensystem auf zwei Arten reagieren:

1. Hyperarousal – Überaktivierung (Fight-or-Flight-Zustand)

- Unser Sympathikus übernimmt die Kontrolle.
- Wir fühlen uns gestresst, ängstlich, gereizt oder überfordert.
- Der Körper ist angespannt, die Atmung flach, der Geist überaktiv.
- Wir haben das Gefühl, ständig „etwas tun zu müssen", um die Spannung loszuwerden.

Beispiele:

- *Du fühlst dich gehetzt, kannst nicht abschalten, bist ständig innerlich angespannt.*
- *Du reagierst impulsiv, bist gereizt oder schnell überfordert.*
- *Dein Kopf ist voller Gedanken, aber du kannst dich nicht auf eine Sache konzentrieren.*

2. Hypoarousal – Unteraktivierung (Freeze-Zustand)

- Der dorsale Vagus übernimmt die Kontrolle.
- Wir fühlen uns müde, kraftlos oder innerlich „leer".
- Unser Geist wird neblig, unsere Emotionen sind gedämpft oder verschwinden ganz.
- Wir ziehen uns zurück und verlieren das Gefühl von Lebendigkeit.

Beispiele:

- *Du fühlst dich emotional abgeschnitten, wie „nicht wirklich da".*
- *Du bist innerlich wie eingefroren, hast keine Motivation.*
- *Du möchtest handeln, fühlst dich aber blockiert und antriebslos.*

WICHTIG: Beide Zustände sind Schutzreaktionen des Nervensystems. Unser Körper versucht, uns entweder durch Aktivierung (Kampf/Flucht) oder durch Abschalten (Erstarrung) zu schützen. Doch wenn wir in diesen Zuständen steckenbleiben, leiden wir – körperlich, emotional und mental. Das Ziel ist nicht, diese Zustände zu vermeiden, sondern zu lernen, wie wir uns sanft wieder in unser Stresstoleranzfenster zurückführen können.

Die Rauhnächte – Ein bewusster Raum, um unser Stresstoleranzfenster zu erkunden

Während der Rauhnächte nehmen wir uns bewusst Zeit und Raum, um unser Stresstoleranzfenster kennenzulernen – und es sanft zu weiten. Viele Menschen leben mit einem sehr engen Fenster, das sie immer wieder in Über- oder Unteraktivierung bringt. Doch diese Zeit gibt uns die Möglichkeit, ganz bewusst zu spüren, wo unser Nervensystem gerade steht.

- Wann fühle ich mich ruhig und reguliert?
- Wann kippe ich in Anspannung oder Erschöpfung?
- Welche Situationen lösen in mir Stress oder Erstarrung aus?
- Was hilft mir, mich sicher und verbunden zu fühlen?

Durch diese feine Selbstwahrnehmung schaffen wir die Basis für eine tiefere innere Regulation. Die Rauhnächte sind nicht nur eine Zeit der Reflexion – sie sind auch eine Zeit der Regulation. Unser Ziel ist es nicht, „alles perfekt zu machen“, sondern sanft immer wieder in einen Zustand der inneren Balance zurückzufinden. Dabei helfen uns verschiedene Wahrnehmungs- und Körperübungen, die unser Nervensystem stabilisieren.

1. Bewusstes Wahrnehmen – Wo stehe ich gerade?

Einer der ersten Schritte ist, immer wieder in dich hineinzuspüren: Fühle ich mich geerdet und präsent? Fühle ich mich getrieben, unruhig oder ängstlich? Fühle ich mich zurückgezogen, erschöpft oder taub? Alle diese Zustände sind okay – das Ziel ist nicht, sich „anders zu fühlen“, sondern zu erkennen, wo dein Nervensystem gerade steht.

Übung:

- Setze dich für ein paar Minuten in Stille.
- Spüre in deinen Körper hinein.
- Benenne, was du wahrnimmst – ohne es zu bewerten.

Allein diese kleine Übung hilft, das Nervensystem zu beruhigen, weil sie ihm eine bewusste Aufmerksamkeit schenkt.

2. Den Körper mit einbeziehen – Kleine Bewegungen für mehr Regulation

Unser Nervensystem reguliert sich nicht über Gedanken allein – es reguliert sich über den Körper. Wenn du dich unruhig fühlst, können langsame, bewusste Bewegungen wie sanftes Schaukeln, Dehnen oder tiefes Atmen helfen, überschüssige Energie abzuleiten.

Wenn du dich erstarrt oder abgeschnitten fühlst, können kleine Impulse wie Summen, leises Tönen, Wippen oder ein gezielter Atemzug dein System sanft wieder in Bewegung bringen. Auch sanftes Schütteln, das gezielte Auflegen der Hände auf Herz oder Bauch oder das Summen eines beruhigenden Tons können Sicherheit, Verbindung und Regulation fördern. Es geht nicht darum, „alles richtig zu machen“, sondern darum, liebevoll zu lauschen, was dir jetzt gut tut und neugierig zu erforschen. In diesem Moment. In deinem Tempo.

Diese Techniken helfen uns, unser Stresstoleranzfenster nach und nach zu erweitern. Wenn uns das gelingt, werden wir mit der Zeit feststellen, dass wir gelassener auf Herausforderungen reagieren, schneller aus Stresszuständen herausfinden, unsere Emotionen besser wahrnehmen und regulieren können und eine tiefere Verbindung zu uns selbst spüren.

Die Rauhnächte bieten den perfekten Rahmen, um diesen Prozess bewusst zu erleben. Denn hier haben wir die Zeit, wirklich in die Selbstwahrnehmung zu gehen – und neue Wege zu finden, mit unserem Nervensystem zu arbeiten.

FAZIT: DIE RAUHNÄCHTE ALS ZEIT DER INNEREN STABILISIERUNG

Indem wir in den Rauhnächten unser Nervensystem bewusst erforschen, schaffen wir eine Grundlage für das neue Jahr. Denn echte Veränderung beginnt nicht mit Willenskraft – sie beginnt mit Regulation und Verkörperung.

Wenn unser Nervensystem sich sicher fühlt, kann Wachstum geschehen.

Wenn unser Stresstoleranzfenster größer wird, erleben wir das Leben mit mehr Weite, mehr Ruhe, mehr Tiefe.

Und genau darum geht es in diesen Nächten: Einen Raum zu schaffen, in dem wir sanft zurück in unsere innere Balance finden – und aus dieser Stabilität heraus unser Jahr gestalten können.

TEIL 3

NERVENSYSTEMARBEIT WÄHREND DER SPERR- UND RAUHNÄCHTE

SICHER FÜHLEN MIT DEM NERVENSYSTEM

Veränderung braucht ein Fundament. Wachstum geschieht nicht im Chaos. Auch wenn wir uns oft nach einer schnellen Transformation sehnen, vergessen wir, dass tiefe Veränderung nicht erzwungen werden kann – sie muss wachsen. Und Wachstum braucht Sicherheit. Unser Nervensystem ist darauf ausgelegt, Sicherheit als Grundlage für alles weitere zu nutzen. Erst wenn es sich sicher fühlt, kann es sich entspannen, öffnen, Neues aufnehmen und wachsen. Ohne dieses Fundament bleibt Veränderung instabil – sie wird zu einem Kampf, anstatt einem natürlichen Fluss zu folgen. Aber was bedeutet Sicherheit eigentlich für unser Nervensystem? Und warum ist sie so essenziell für jeden Veränderungsprozess?

Wie unser Nervensystem Sicherheit oder Gefahr wahrnimmt

Sicherheit ist kein Gedanke, sondern ein Gefühl – und dieses Gefühl wird durch einen unbewussten Mechanismus gesteuert, die Neurozeption. Der Begriff stammt aus der Polyvagal-Theorie von Stephen Porges und beschreibt, wie unser Nervensystem ständig unsere Umgebung scannt, um zu entscheiden, ob wir sicher sind oder ob Gefahr droht. Diese Überprüfung geschieht nicht rational – sie passiert in Bruchteilen von Sekunden, unterbewusst und ohne unser Zutun. Unser Nervensystem stellt sich drei Fragen:

1. Ist es sicher? → Wenn ja, kann ich mich entspannen und in Verbindung gehen.
2. Gibt es eine Bedrohung? → Wenn ja, schalte ich in den Kampf- oder Fluchtmodus.
3. Ist die Bedrohung zu groß? → Wenn ja, gehe ich in Erstarrung oder Rückzug.

Diese Prozesse laufen ununterbrochen und im Hintergrund ab. Sie bestimmen, ob wir uns wohlfühlen, ob wir Vertrauen aufbauen können, ob wir präsent bleiben oder in Stress geraten. Und das Entscheidende ist: Neurozeption kann sich irren. Wenn unser Nervensystem in der Vergangenheit gelernt hat, dass bestimmte Situationen gefährlich sind, kann es auch dann Alarm schlagen, wenn keine echte Bedrohung besteht.

Beispiel: *Wenn ein Mensch in der Kindheit wiederholt Kritik erfahren hat, ohne dabei gesehen, gehalten oder in seinem Wert bestätigt zu werden, kann das Nervensystem noch Jahre später auf harmlose Situationen mit Rückzug reagieren. Dann genügt ein schiefer Blick, ein Tonfall, ein Nebensatz – und etwas in uns macht sich klein, wird still, will verschwinden.*

Ein Mensch mit Bindungsverletzungen kann Schwierigkeiten haben, Nähe als sicher zu empfinden, selbst wenn sein Gegenüber liebevoll ist. Man fühlt sich vielleicht ständig irgendwie beobachtet oder bedroht von der

Gegenwart des anderen, obwohl man sich eigentlich nach dessen Nähe sehnt.

Das bedeutet: Wenn unser Nervensystem Gefahr sieht, wo keine ist, bleiben wir in einem Zustand von Stress, Anspannung oder Rückzug – auch wenn unser Verstand weiß, dass wir sicher sind. Deshalb ist es so wichtig, bewusst mit unserem Nervensystem zu arbeiten und ihm neue Erfahrungen von Sicherheit zu schenken.

Sicherheit als Voraussetzung für Veränderung

Unser Nervensystem kann nur dann in einen Zustand des Wachstums und der Offenheit gehen, wenn es sich sicher fühlt. Wenn es sich unsicher fühlt, geht unser Körper in Schutzreaktionen. Es fällt uns dann schwer, klar zu denken oder Neues zu lernen. Wir bleiben in alten Mustern, weil sie „bekannt" sind – selbst, wenn sie uns nicht guttun.

Das bedeutet: Wenn wir Veränderung möchten, müssen wir zuerst unser Nervensystem darauf vorbereiten. Das ist der Grund, warum viele Menschen immer wieder an der gleichen Stelle scheitern. Sie setzen sich Ziele, arbeiten mit Willenskraft – aber wenn ihr Nervensystem sich dabei nicht sicher fühlt, wird es sie immer wieder in alte Muster zurückziehen. Das ist kein persönliches Versagen – es ist ein Schutzmechanismus des Körpers. Sicherheit ist das Fundament für Veränderung. Wenn wir uns sicher fühlen, kann unser Nervensystem:

- neugierig sein.
- offen für Wachstum bleiben.
- Vertrauen aufbauen.
- Stabilität empfinden – auch in Momenten der Unsicherheit.
- neue Perspektiven einnehmen und neues lernen – ein Leben lang.

Wenn Sicherheit das Fundament für Veränderung ist, stellt sich die Frage: Wie kann ich dieses Gefühl von Sicherheit in mir aufbauen – selbst dann, wenn im Außen gerade nichts sicher scheint? Genau hier kommen Ressourcen ins Spiel. Sie sind wie innere Anker – manchmal klein, unscheinbar, aber tief wirksam. Ressourcen sind all das, was deinem Nervensystem hilft, sich gehalten, genährt, orientiert zu fühlen. Sie geben dir Stabilität, wenn es im Außen wackelt. Sie erinnern dich an deine Kraft – gerade dann, wenn du sie vergessen hast. Es gibt drei Arten von Ressourcen:

1. Innere Ressourcen – Das, was wir in uns tragen

Diese Ressourcen sind unabhängig von äußeren Faktoren. Sie sind in uns verankert und geben uns Stabilität, egal, was im Außen passiert. Beispiele für innere Ressourcen:

- Selbstmitgefühl – die Fähigkeit, mit sich selbst sanft zu sein.
- Innere Bilder – Erinnerungen an Momente, in denen wir uns sicher gefühlt haben.
- Körperliche Selbstwahrnehmung – das Spüren unseres Atems, das Fühlen unserer Füße auf dem Boden.

2. Äußere Ressourcen – Das, was uns umgibt

Diese Ressourcen sind außerhalb von uns, aber sie haben eine regulierende Wirkung auf unser Nervensystem. Beispiele für äußere Ressourcen:

- Bestimmte Orte, die ein Gefühl von Sicherheit geben (Natur, ein geschützter Raum).
- Ein festes, unterstützendes Arbeitsumfeld.
- Rituale, die uns Halt geben (Morgenroutine, Atemübungen, Bewegung).

3. Soziale Ressourcen – Verbindung als Stabilität

Der Mensch ist ein soziales Wesen und Regulation geschieht oft durch Verbindung mit anderen. Beispiele für soziale Ressourcen:

- Menschen, bei denen wir uns sicher fühlen.
- Berührung und Körperkontakt.
- Gemeinsames Lachen, gemeinsames Schweigen, das Gefühl, nicht allein zu sein.

Die Rauhnächte als sicherer Raum

Während der Rauhnächte nehmen wir uns bewusst Zeit und Raum, um unser Nervensystem in Sicherheit zu bringen. Denn wenn wir Veränderung im neuen Jahr möchten, müssen wir zuerst das Fundament stabilisieren. In diesen Nächten fragen wir uns: Wo fühle ich mich sicher – in mir selbst und im Außen? Welche Ressourcen nähren mich? Wie kann ich mein Nervensystem unterstützen, damit es sich auf Neues einlassen kann?

1. Bewusst Sicherheit wahrnehmen

- Setze dich für ein paar Minuten in Stille.
- Spüre: Wo in deinem Körper fühlst du dich sicher?
- Erlaube dir, diesen Ort der Ruhe bewusst wahrzunehmen.

2. Ressourcen erkunden

- Schreibe auf: Was gibt mir Stabilität?
- Welche Orte, Menschen oder Rituale nähren mich?
- Wie kann ich mehr von diesen Ressourcen in meinen Alltag integrieren?

3. Mit dem Nervensystem arbeiten

- Nutze sanfte Atemübungen, um den Vagusnerv zu stimulieren.
- Bewege dich bewusst – sei es durch Tanzen, Dehnen oder sanftes Wiegen.
- Spüre die Erde unter deinen Füßen, um dich zu erden.

Diese bewussten Momente helfen unserem Nervensystem, Sicherheit zu erleben – nicht nur als Gedanke, sondern als körperliche Erfahrung. Indem wir in den Rauhnächten unser Nervensystem stabilisieren, legen wir ein Fundament für das neue Jahr. Denn echte Veränderung geschieht nicht aus einem Zustand der Angst oder Unsicherheit. Sie geschieht aus einem Gefühl der inneren Sicherheit heraus. Und genau das werden wir in den Rauhnächten erforschen: Wo ist mein sicherer innerer Ort? Welche Ressourcen kann ich in mein Leben holen? Wie kann ich mein Nervensystem darin unterstützen, sich zu öffnen?

Denn wenn unser Nervensystem sich sicher fühlt, ist alles möglich. Wenn es sich sicher fühlt, kann Veränderung geschehen – sanft, fließend und aus der Tiefe heraus. Während der Sperr- und der Rauhnächte kannst du dir ganz bewusst einen sicheren Ort in dir erschaffen. Vielleicht magst du diesen symbolisch darstellen durch eine Ecke oder ein Zimmer, das du dekorierst und gestaltest, um diese Zeit an einem Ort zu verbringen, der dich in deinen Prozessen trägt und unterstützt.

Sicherheit als Basis für Transformation

Veränderung ist kein rein mentaler Prozess. Sie geschieht nicht, indem wir uns sagen: „Ich will mich jetzt verändern." Transformation geschieht erst dann wirklich, wenn unser Nervensystem sich sicher genug fühlt, um das Neue zuzulassen und wenn wir das Neue verkörpern können.

Das ist der Grund, warum viele Menschen immer wieder an denselben Herausforderungen scheitern. Sie setzen sich Ziele, wollen alte Muster loslassen, beginnen neue Gewohnheiten – und nach einiger Zeit kehren sie unbewusst wieder in ihre alten Strukturen zurück. Nicht, weil sie nicht genug Disziplin haben. Nicht, weil sie „es nicht wirklich wollten". Sondern weil ihr Nervensystem sich nicht sicher genug für die Veränderung gefühlt hat.

Unser Nervensystem ist nicht darauf ausgelegt, uns glücklich zu machen – es ist darauf ausgelegt, uns zu schützen. Sein oberstes Ziel ist Überleben. Und das bedeutet: Alles, was neu ist, ist für unser Nervensystem erst einmal potenziell unsicher. Selbst wenn die alte Gewohnheit uns nicht guttut – sie ist bekannt und damit sicher. Selbst wenn die neue Vision verheißungsvoll klingt – unser Nervensystem kennt sie nicht und könnte sie als Bedrohung einstufen. Wir müssen also unser Nervensystem in die Veränderung mitnehmen.

Erst wenn unser System sich sicher fühlt, kann es sich auf Neues einlassen. Erst wenn unser Körper lernt, dass Veränderung keine Bedrohung ist, kann sie geschehen. Und genau dabei spielen Co-Regulation und Selbstregulation eine entscheidende Rolle.

Co-Regulation & Selbstregulation – Die Basis für innere Stabilität

Unser Nervensystem reguliert sich nicht isoliert – es ist ein soziales System. Schon als Babys sind wir darauf angewiesen, dass unsere Bezugspersonen uns beruhigen. Durch ihren Körperkontakt, ihren Blick, ihre Stimme lernen wir, dass die Welt sicher ist. Diese Co-Regulation bleibt ein Leben lang wichtig – wir sind soziale Wesen, und unser Nervensystem sucht immer nach Zeichen von Sicherheit in unserer Umgebung.

1. Co-Regulation – Regulation durch Verbindung

Co-Regulation bedeutet, dass wir uns in der Nähe anderer Menschen beruhigen. Ein ruhiges Gespräch mit einem vertrauten Menschen kann unser Nervensystem sofort regulieren. Körperliche Nähe – eine Umarmung, eine Hand auf der Schulter – kann Sicherheit signalisieren. Ein sanfter Blickkontakt kann uns aus einem angespannten Zustand zurückholen. Co-Regulation ist essenziell, weil wir nicht immer allein in die Entspannung finden können. Unser Nervensystem sucht nach Sicherheit im Außen, um Sicherheit im Inneren zu erleben. Doch was passiert, wenn diese Regulation fehlt? Wenn wir niemanden haben, der uns spiegelt, beruhigt, hält? Dann ist es umso wichtiger, dass wir lernen, uns selbst zu regulieren.

2. Selbstregulation – Die Fähigkeit, sich selbst zu stabilisieren

Selbstregulation bedeutet, dass wir lernen, unsere eigenen inneren Zustände wahrzunehmen und sanft zu beeinflussen. Wenn wir merken, dass wir in Anspannung geraten, können wir bewusst ausatmen. Wenn wir in die Erstarrung gehen, können wir durch Bewegung oder Wärme wieder ins Leben kommen. Wenn wir uns verloren fühlen, können wir mit kleinen, bewussten Übungen wieder in den Körper zurückfinden.

Selbstregulation ist wie eine innere Umarmung – ein Signal an unser Nervensystem: „Ich bin hier. Du bist sicher." Diese Fähigkeit ist besonders wertvoll in Zeiten der Transformation. Denn wenn wir unser Nervensystem regulieren können, wird Veränderung nicht mehr bedrohlich, sondern eine natürliche, organische Bewegung.

Trigger & Glimmer – Die feinen Signale unseres Nervensystems

Unser Nervensystem nimmt ständig Informationen auf. Es erkennt, ob eine Situation gefährlich ist – das nennen wir Trigger. Doch genauso nimmt es wahr, was uns Sicherheit und Verbundenheit gibt – das sind die Glimmer-Momente.

1. Trigger – Wenn unser Nervensystem Alarm schlägt

Ein Trigger ist etwas, das unser Nervensystem in eine Stressreaktion bringt.

- Ein bestimmtes Wort, das uns an eine alte Verletzung erinnert.
- Eine Umgebung, die unser System als unsicher wahrnimmt.
- Ein Verhalten von anderen, das alte Schutzmechanismen aktiviert.

Manchmal sind Trigger offensichtlich – wir spüren sofort, dass wir in Stress geraten. Doch oft sind sie subtil: Wir ziehen uns plötzlich zurück, fühlen uns unruhig oder gereizt, ohne genau zu wissen, warum. Das Entscheidende ist: Trigger sind keine bewussten Entscheidungen. Unser Nervensystem reagiert automatisch. Es geht nicht darum, sich nicht mehr getriggert zu fühlen, sondern darum, sich selbst in diesen Momenten sanft zu begleiten.

2. Glimmer – Die kleinen Momente der Sicherheit

„Glimmer" ist ein Begriff, den die Therapeutin Deb Dana geprägt hat. Während Trigger das Nervensystem in Stress versetzen, sind Glimmer die feinen Zeichen von Sicherheit und Verbundenheit, die unser System regulieren.

Ein Glimmer kann sein:

- Das Gefühl von Sonnenlicht auf der Haut.
- Ein tiefer Atemzug, der plötzlich Ruhe bringt.
- Das Lächeln eines Fremden.
- Der Klang von Blättern im Wind.

Diese Momente sind oft winzig – aber unser Nervensystem nimmt sie wahr. Und je mehr wir lernen, sie bewusst zu erkennen, desto stärker können sie uns stabilisieren. In den Rauhnächten nehmen wir uns Zeit, um diese Glimmer-Momente zu erkennen und in unser Leben einzuladen.

Die Rauhnächte als eine Zeit des Glimmers

Die Rauhnächte sind eine besondere Zeit – eine Phase zwischen den Jahren, in der sich das Tempo verlangsamt, in der die Welt für einen Moment stillsteht. Und genau diese Stille ist eine Einladung: eine Einladung, zu spüren, was uns wirklich nährt. Eine Einladung, bewusster auf die Zeichen der Sicherheit zu achten. Eine Einladung, unser Nervensystem bewusst zu regulieren, um Veränderung als sanften Prozess zu erleben.

Wir werden uns in diesen Nächten bewusst mit unserem Nervensystem verbinden.

Wir werden wahrnehmen, was uns triggert – und was uns Sicherheit gibt.

Wir werden lernen, Glimmer zu erkennen und sie bewusst in unser Leben zu holen.

Denn die Magie dieser Nächte liegt nicht nur in den Ritualen oder den alten Überlieferungen. Die wahre Magie liegt in der Art, wie wir uns selbst begegnen. Wie wir lernen, unser Nervensystem zu lesen, unsere Regulation zu verfeinern. Wie wir uns erlauben, Sicherheit in uns selbst zu finden – nicht als Konzept, sondern als gelebte Erfahrung.

FAZIT: TRANSFORMATION BEGINNT IN DER SICHERHEIT

Viele Menschen glauben, dass sie sich erst verändern müssen, um sich sicher zu fühlen. Doch es ist genau umgekehrt: Erst wenn wir Sicherheit spüren, ist Veränderung überhaupt möglich. Deshalb sind die Rauhnächte nicht nur eine Zeit der Manifestation, sondern eine Zeit der Regulation.

In diesen Nächten schenken wir unserem Nervensystem bewusst Glimmer-Momente. Wir lernen, Sicherheit nicht nur im Außen zu suchen, sondern sie in uns zu spüren. Und genau daraus entsteht die tiefste Transformation. Denn wenn sich unser Nervensystem sicher fühlt, kann Wandel geschehen – nicht durch Druck, sondern aus einer inneren Ruhe heraus. Sanft, fließend, im Einklang mit uns selbst.

Sichere Rauhnächte für Transformation

Das Leben geschieht in Prozessen. Kein Wandel, keine Veränderung, kein Wachstum geschieht plötzlich oder isoliert – alles ist ein Zusammenspiel aus dem, was vorher war, dem, was gerade ist, und dem, was kommen möchte.

Trotzdem erleben wir Transformation häufig als etwas, das uns überrollt. Ein Ereignis, eine Erkenntnis, ein Umbruch – und plötzlich steht alles auf dem Kopf. Unser Geist mag bereit sein für den Wandel, doch unser Körper, unser Nervensystem und unsere alten Muster sind es nicht immer sofort. Deshalb braucht Veränderung Integration.

Wir können nicht einfach „loslassen" und uns etwas Neues wünschen, ohne das Alte bewusst zu würdigen, zu verstehen und zu integrieren. Alles, was wir nicht bewusst verarbeitet haben, wirkt unbewusst weiter.

Genau hier entsteht ein feines Wechselspiel: Zwischen dem, was in uns integriert werden möchte – und dem, was sich wandeln will. Unser Leben bewegt sich in diesem Rhythmus – ständig. Und je bewusster wir diesen inneren Prozess begleiten, desto tiefer kann echte Veränderung wirken.

1. Integration: Wir verarbeiten das, was wir erlebt haben. Wir verdauen Erfahrungen, lassen sie in unser System einsinken, sodass sie nicht mehr als offene Enden in uns arbeiten.
2. Transformation: Wir verändern gezielt etwas in unserem Leben. Eine neue Erkenntnis führt dazu, dass wir alte Muster hinterfragen und unser Verhalten neu ausrichten.

Keiner dieser beiden Prozesse kann allein existieren. Ohne Integration bleibt jede Transformation oberflächlich. Ohne Transformation bleiben wir immer im Alten stecken. Doch um tiefgreifende Veränderung zu ermöglichen, müssen wir verstehen, wie unser Nervensystem in diesen Prozessen arbeitet.

Wie Veränderung in unserem Körper passiert

Veränderung ist kein rein mentaler Prozess – sie geschieht tief in unserem Nervensystem und in unserer Biologie. Jede Gewohnheit, jeder Gedanke, jedes Muster, das wir in unserem Leben etabliert haben, ist in unserem Gehirn als neuronale Verbindung gespeichert. Gewohnheiten, die wir täglich ausführen, sind wie Autobahnen im Gehirn – sie sind stark verknüpft und leicht abrufbar. Wenn wir etwas Neues lernen oder ein altes Muster verändern wollen, müssen wir erst neue Verbindungen schaffen – das fühlt sich anfangs wie ein kleiner Trampelpfad an, der noch un-

gewohnt ist. Je häufiger wir die neue Verbindung aber nutzen, desto stärker wird sie – bis aus dem Trampelpfad eine stabile Straße und irgendwann eine neue Autobahn entsteht.

Dieser Umbauprozess ist Hochleistungssport für unser System. Das bedeutet: Unser Gehirn muss aktiv neue Wege bauen und alte Wege verkümmern lassen. Zusätzlich verändert sich unsere Biochemie – neue Gedanken und Verhaltensweisen aktivieren neue neuronale Netzwerke. Unser Körper muss sich dadurch auf eine neue Realität einstellen – das kostet Energie. Deshalb kann Veränderung ermüdend sein. Deshalb brauchen wir Integrationsphasen, in denen unser System Zeit hat, das Neue zu verarbeiten. Ohne Integration verpufft jede Transformation, weil das Nervensystem nicht hinterherkommt.

Viele spirituelle oder persönliche Entwicklungsansätze sprechen davon, dass wir Altes einfach „loslassen" sollen. Doch unser Nervensystem arbeitet anders: Unser Gehirn speichert Erfahrungen in einem logischen Zusammenhang. Wenn wir etwas „loslassen" wollen, das noch nicht verarbeitet ist, empfindet unser Nervensystem das als Unsicherheit oder sogar Bedrohung. Nur wenn wir alte Erfahrungen in eine sinnvolle Reihenfolge bringen, sie bewusst einordnen und ihnen einen Platz geben, können wir sie wirklich integrieren. Das bedeutet: Wir müssen nicht loslassen – wir müssen verstehen und integrieren. Nur dann entsteht Raum für etwas Neues.

Sperrnächte als Zeit der Integration

In diesem Buch werden wir die Sperrnächte als bewusste Integrationsphase nutzen: Wir blicken zurück auf das vergangene Jahr. Wir nehmen wahr, was sich verändert hat und was in uns noch offen ist. Wir geben Erlebnissen und Emotionen einen Platz, sodass unser Nervensystem sie abschließen kann.

Dieser Prozess ist essenziell. Denn nur wenn wir unsere Vergangenheit verstehen und als „ganz" empfinden, ist unser Nervensystem bereit für nachhaltige Veränderung. Das bedeutet nicht, dass wir „alles klären" müssen. Es bedeutet, dass wir uns selbst erlauben, einen bewussten Übergang zu gestalten.

Rauhnächte als Zeit der Transformation

Nach der Integration folgt die bewusste Veränderung: Wir erkennen, welche Muster uns nicht mehr dienen. Wir nehmen unsere tiefsten Wünsche und Visionen ernst. Wir setzen Impulse für die kommenden Monate, die unser Nervensystem sanft mitnehmen kann.

Transformation in den Rauhnächten bedeutet, dass wir uns bewusst erlauben, Altes zu verändern. Wir setzen gezielt neue Impulse für unser Nervensystem und beginnen, neue neuronale Wege in unserem Gehirn anzulegen. Das ist der Moment, in dem wir unser System sanft aus alten Mustern herausholen – nicht durch Druck, sondern durch Bewusstsein.

Manifestation als körperlicher Prozess

Wenn wir integriert haben, was war, und in unserem System Raum für das Neue entstanden ist, stellt sich eine leise, kraftvolle Frage: Was darf jetzt durch mich entstehen?

Transformation öffnet Türen. Integration bereitet den Boden. Und Manifestation ist der natürliche nächste Schritt – nicht als Wunschdenken, sondern als Verkörperung dessen, was sich innerlich bereits bewegt hat. Manifestation wird oft als rein energetischer oder gedanklicher Prozess betrachtet. Doch in Wirklichkeit ist Manifestation ein biologischer Vorgang. Jede Manifestation beginnt mit einer neuen neuronalen Verbindung: Wenn wir eine Vision für unser Leben erschaffen, aktivieren wir eine neue Möglichkeit in unserem Gehirn.

Wenn wir diese Vision mit unserem Nervensystem verankern, wird sie erfahrbar und real. Je öfter wir die neue Realität denken, fühlen und erleben, desto mehr wird sie zu unserer natürlichen Realität. Manifestation geschieht nicht allein durch Gedanken – sie geschieht durch gelebte Erfahrung. Das bedeutet: Unser Körper muss sich sicher fühlen mit der neuen Realität, unser Nervensystem muss sich an das Neue gewöhnen und unser Gehirn muss die alten neuronalen Autobahnen langsam abbauen und neue Verbindungen stärken.

Doch auch Manifestation geschieht nicht auf Knopfdruck. Unser System braucht Zeit, um das Neue wirklich zuzulassen. Es braucht Wiederholung. Beziehung. Atempausen. Veränderung folgt nicht der Logik des Verstandes, sondern dem Rhythmus des Körpers. Und dieser Rhythmus kennt keine Sprünge. Er bewegt sich in Wellen.

Wenn wir verstehen, dass jede Transformation auch Integration braucht, können wir Veränderung sanfter gestalten. Damit die Integration gelingen kann, nehmen wir uns bewusst Phasen der Ruhe, um Veränderungen zu verarbeiten. Wir erlauben unserem Nervensystem, sich sicher zu fühlen, bevor wir etwas Neues erschaffen. Wir verstehen, dass echte Veränderung nicht durch Zwang, sondern durch bewusste Erfahrung geschieht.

In den Sperrnächten integrieren wir. In den Rauhnächten transformieren wir. Und genau in diesem Wechselspiel entsteht nachhaltige Veränderung – sanft, bewusst und in tiefer Verbindung mit unserem Nervensystem. Wir gehen durch einen körperlichen Prozess – ich nenne ihn: Verkörperung.

DEIN KÖRPERBEWUSSTSEIN STÄRKEN

Unser Körper ist ein Resonanzraum – ein feines Instrument, das mit jeder Erfahrung, jeder Emotion, jedem Gedanken in Schwingung gerät. Doch oft sind wir so sehr damit beschäftigt, im Außen nach Antworten zu suchen, dass wir verlernt haben, unser eigenes inneres Erleben wahrzunehmen. Doch tief in uns liegt eine Weisheit, die uns sicher durch das Leben führen kann – wenn wir lernen, ihr zu lauschen.

Die Rauhnächte sind eine Einladung, in diese Tiefe zurückzufinden. Nicht nur zu denken, sondern zu spüren. Nicht nur zu analysieren, sondern mit allen Sinnen zu erfahren. Nicht nur zu reagieren, sondern bewusst aus dem eigenen Inneren heraus zu gestalten. Das bedeutet, unsere Intuition nicht als vages Bauchgefühl abzutun, sondern als das, was sie ist: ein hochintelligentes, körperlich verankertes Navigationssystem, das uns zeigt, was für uns wahr und stimmig ist. Und je feiner wir diese Sprache entschlüsseln, desto klarer wird unser Weg.

Genau darum geht es in diesen Nächten: Nicht nur zu wissen, was wir wollen – sondern es in unserem Körper zu verankern. Nicht nur über Veränderung zu sprechen – sondern sie zu spüren. Je tiefer wir mit uns selbst verbunden sind, desto deutlicher wird, dass echte Wandlung nicht im Außen beginnt. Sondern dort, wo wir uns selbst nicht mehr erklären müssen. Dort, wo wir beginnen, sie zu leben.

Verkörperung: Eine tiefere Wahrheit leben

Verkörperung ist kein Konzept. Kein Ziel. Kein Status. Verkörpert zu sein bedeutet nicht, eine Methode zu beherrschen oder eine Haltung einzunehmen. Verkörpert zu sein, ist ein innerer Zustand, der sich durch gelebte Erfahrung, emotionale Präsenz und körperliche Wahrheit ausdrückt. Es ist die leise, unaufdringliche Autorität eines Menschen, der nicht mehr über sich spricht, sondern aus sich heraus lebt.

Verkörperung vs. Embodiment – eine Klarstellung

Was ich hier als „verkörpert sein" beschreibe, wird in vielen Kontexten als Embodiment bezeichnet – und doch ist es nicht dasselbe. Denn während der Begriff Embodiment oft mit Bewegung, Tanz, Körperarbeit oder einer spirituell inspirierten Praxis gleichgesetzt wird, meint Verkörperung im Kontext meiner Arbeit als feinSEIN-Mentorin etwas Tieferes, Erdigeres, Wahrhaftigeres.

Embodiment, wie es häufig verwendet wird, beschreibt eine Methode. Es meint, bestimmte Qualitäten über Bewegung zugänglich zu machen: Mut, Sanftheit, Klarheit, Präsenz. Diese Arbeit ist wertvoll, aber sie bleibt oft in der Erfahrung. In der Übung. In der Form.

Verkörperung hingegen meint keinen Moment, sondern einen Zustand. Sie ist keine Methode, sondern ein innerer Boden. Verkörpert ist nicht, wer tanzt, sondern wer bleibt, wenn es still wird. Verkörpert ist nicht, wer sich ausdrückt, sondern wer verankert ist in sich, auch ohne Ausdruck.

Während Embodiment dich an Gefühle heranführen kann, macht Verkörperung dich zur Halterin deines gelebten Weges. Sie beginnt dort, wo Performance endet. Dort, wo nichts mehr getan werden muss, um jemand zu sein. Wo der Körper nicht etwas zeigt, sondern etwas hält. Und sie ist die Basis für wahre Manifestation. Verkörperung ist untrennbar mit dem Nervensystem verbunden. Wer verkörpert ist, hat sich reguliert. Nicht einmal, sondern wieder und wieder. Verkörperung ist eine gelebte Beziehung zur inneren Sicherheit. Sie ist das Gegenteil von spiritueller Abspaltung. Sie ist das Gegenteil von emotionaler Überidentifikation.

Verkörperung heißt: Ich bin in meinem Körper zu Hause – auch wenn es wehtut. Auch wenn es eng wird. Auch wenn ich keine Antworten habe. Ich bin hier. Ich bleibe.

Übungen für dein Körperbewusstsein

Unsere Wahrnehmung ist nicht neutral – sie wird durch unsere Erfahrungen, unsere Prägungen, unsere unbewussten Muster geformt. Ein Mensch, der gelernt hat, dass die Welt unsicher ist, wird immer nach Gefahren suchen. Ein Mensch, der in einem Umfeld voller Kontrolle aufgewachsen ist, wird sich schwer damit tun, auf den Fluss des Lebens zu vertrauen. Jemand, der oft enttäuscht wurde, wird unbewusst eher das sehen, was nicht funktioniert, als das, was ihn stärkt.

Unsere Wahrnehmung erschafft unsere Realität. Nicht, weil wir uns Dinge einbilden, sondern weil unser Nervensystem und unser Gehirn darauf ausgerichtet sind, die Welt durch unsere inneren Filter zu erleben. Dieser Filter hat sich wortwörtlich in uns eingebrannt, sich durch uns manifestiert. Doch diese Filter sind zum Glück nicht in Stein gemeißelt. Wir können sie bewusst verändern – und damit unser gesamtes Erleben.

Stell dir vor: Du beginnst, bewusster auf die Zeichen von Sicherheit und Geborgenheit zu achten, anstatt auf das, was schiefgehen könnte. Du erlaubst dir, deine inneren Bilder nicht nur mit Vergangenheit zu füllen, sondern mit Visionen von dem, was sein darf. Du beginnst, deine Emotionen nicht als Hindernis zu sehen, sondern als kreative Kraft, die dir zeigt, was du wirklich willst. Was würde sich dann in deinem Leben verändern?

Unsere Wahrnehmung zu justieren, bedeutet nicht, sich die Welt schönzureden.

Es bedeutet, unseren Fokus bewusst darauf auszurichten, was uns stärkt, was uns inspiriert, was uns lebendig fühlen lässt. Denn das, worauf wir unsere Aufmerksamkeit lenken, wächst. Und indem wir unser Nervensystem sanft darauf vorbereiten, neue Möglichkeiten wahrzunehmen, öffnen wir uns für das, was wirklich zu uns gehört.

Vielleicht fragst du dich, wie du all das, was du in den Rauhnächten spürst, wirklich halten kannst. Wie du dich selbst begleiten kannst – fein, bewusst und körpernah. Auf den nächsten Seiten stelle ich dir einige

Werkzeuge vor, die dir dabei helfen können, deine Innenwelt besser zu verstehen: Methoden wie SIFT, mit denen du deinen Empfindungen, inneren Bildern, Gefühlen und Gedanken bewusster lauschen kannst. Impulse wie „Name it to tame it", die dir zeigen, wie kraftvoll es sein kann, deine Emotionen zu benennen. Oder kreative Wege, um Gefühlen eine Gestalt, eine Bewegung, eine Stimme zu geben – nicht, um sie zu kontrollieren, sondern um mit ihnen in Beziehung zu treten. Diese Werkzeuge wollen dich nicht verändern, sondern erinnern. Daran, wie es sich anfühlt, dich selbst wirklich zu spüren. Daran, dass dein Körper längst mit dir spricht – und du lernen darfst, seiner Sprache zu vertrauen. Vielleicht ist eine dieser Methoden genau der Einstieg, den du gerade brauchst.

SIFT – Die innere Sprache unseres Körpers entschlüsseln

Die SIFT-Methode wurde von Daniel Siegel entwickelt, um Menschen dabei zu unterstützen, ihre innere Wahrnehmung zu vertiefen. Sie hilft uns, in vier Ebenen unseres Erlebens hineinzuspüren:

- **S** – Sensations (Empfindungen): Was spüre ich in meinem Körper?
- **I** – Images (Bilder, innere Wahrnehmungen): Welche inneren Bilder oder Erinnerungen tauchen auf?
- **F** – Feelings (Gefühle): Welche Emotionen nehme ich wahr?
- **T** – Thoughts (Gedanken): Welche Gedanken begleiten mich?

Wenn wir auf eine Frage oder eine Situation reagieren, geschieht dies auf allen vier Ebenen gleichzeitig – doch meist nehmen wir nur die Gedanken wahr. Dabei sind es oft die körperlichen Empfindungen, Bilder und Gefühle, die uns die tiefste Wahrheit zeigen.

Beispiel für SIFT in der Praxis: Du spürst Unruhe, ohne genau zu wissen, warum.

- **Sensation:** Ein Druck in der Brust, ein flacher Atem.
- **Image:** Ein Bild von einer bestimmten Erinnerung oder einer Person taucht auf.
- **Feeling:** Angst oder Nervosität werden spürbar.
- **Thought:** „Ich muss die Kontrolle behalten, sonst passiert etwas Schlimmes."

Wenn wir bewusst wahrnehmen, was auf all diesen Ebenen passiert, können wir unsere innere Welt verstehen, statt nur zu reagieren.

Name it to tame it – Warum das Benennen von Gefühlen uns reguliert

Eine der wirksamsten Methoden, um mit Emotionen zu arbeiten, ist sie zu benennen. „Name it to tame it" – „Benenne es, um es zu zähmen" – beschreibt einen neurologischen Mechanismus: Wenn wir eine Emotion diffus und unklar fühlen, kann sie überwältigend wirken. Sobald wir sie bewusst benennen, aktiviert sich der präfrontale Kortex – der Teil des Gehirns, der für Reflexion und bewusste Wahrnehmung zuständig ist. Gleichzeitig beruhigt sich die Amygdala, unser emotionales Alarmsystem. Das bedeutet: Wenn wir unsere Gefühle bewusst in Worte fassen, verlieren sie ihre überwältigende Kraft.

Gefühle als kreativen Motor verstehen

Emotionen sind nicht nur Reaktionen auf das, was geschieht – sie sind auch eine Schöpferkraft. Jede Emotion enthält eine Bewegung, eine Richtung, eine Einladung: Freude öffnet uns für neue Möglichkeiten. Neugier bringt uns in den Raum von Entdeckung und Wachstum. Sehnsucht zeigt uns, wohin unser Herz uns ziehen möchte. Wut gibt uns die Kraft, Grenzen zu setzen und für das einzustehen, was wir wirklich wollen. Wenn wir aufhören, Emotionen nur als etwas zu betrachten, das wir „handhaben" müssen, sondern sie als eine kreative Kraft erkennen, beginnt sich unser gesamtes Denken zu verändern. Denn unsere tiefsten Visionen entstehen nicht aus reinem rationalem Denken – sie entstehen aus einem inneren Impuls, einer Bewegung, die aus unserer Tiefe aufsteigt.

Emotionen sind nichts Statisches – sie sind Energie in Bewegung. Und je mehr wir sie spielerisch erforschen, desto mehr erkennen wir, dass sie uns leiten können, anstatt uns zu blockieren. Ich gebe dir hier einige Möglichkeiten an die Hand, wie du dich mit deinen Emotionen verbinden kannst:

- Indem wir uns zum Beispiel erlauben, Emotionen in Bilder zu verwandeln, können wir spielerisch mit ihnen arbeiten. Was würde diese Freude tun, wenn sie eine Gestalt hätte? Welche Form hat deine Sehnsucht? Welche Farbe hätte dein Mut?
- Wir können außerdem Fragen an Emotionen richten, um sie zu verstehen: Was wäre, wenn? Was wäre, wenn diese Angst nicht gegen mich wäre, sondern mich auf etwas aufmerksam machen wollte?
- Indem wir unsere Emotionen in Bewegung bringen, können wir sie körperlich erfahren. Wie würde dein Körper sich bewegen, wenn du deiner inneren Kraft Ausdruck verleihen würdest? Wie fühlt es sich an, mit der Energie der Freude zu tanzen?

Experimentiere mit den Übungen und lerne, deine Emotionen zu verstehen und zu spüren.

Körperverbindung in den Rauhnächten

Die Rauhnächte sind eine Einladung, die feine Kunst des Lauschens wiederzufinden – nicht nur auf unsere Gedanken, sondern auf unser gesamtes inneres Erleben. Denn wenn wir lernen, unser Nervensystem bewusst zu regulieren, unsere Emotionen spielerisch zu erforschen und unsere Wahrnehmung neu zu justieren, dann erleben wir unser Leben klarer und spüren, dass Veränderung nicht erzwungen werden muss – sie geschieht, wenn wir uns selbst in die richtige Richtung begleiten.

Die wahre Magie der Rauhnächte liegt darin, uns mit unserer tiefsten Wahrheit zu verbinden. Denn wenn wir uns selbst wieder hören, brauchen wir keine Antworten mehr im Außen – sie waren die ganze Zeit über in uns.

DIE SPRACHE DES KÖRPERS VERSTEHEN

Unser Körper kommuniziert ständig mit uns – doch oft sind seine Signale nicht so eindeutig, wie wir es uns wünschen würden. Wir erwarten, dass unser Bauchgefühl uns ein klares „Ja“ oder „Nein“ gibt, doch in Wahrheit arbeitet unser System viel feiner und differenzierter. Anstatt nur nach „richtig“ oder „falsch“ zu suchen, können wir lernen, die Nuancen der Körpersprache zu entschlüsseln:

- Ein Gefühl von Weite oder Leichtigkeit → ein Zeichen für Offenheit, Interesse oder innere Zustimmung.
- Eine subtile Enge oder ein flacher Atem → möglicherweise eine unbewusste Angst oder Zurückhaltung.
- Eine diffuse Unruhe → ein Hinweis darauf, dass unser Nervensystem sich noch nicht sicher fühlt oder dass eine alte Erfahrung mit hineinspielt.

Oft denken wir, dass Intuition sofortige Klarheit bringt. Doch in Wahrheit spricht unser Nervensystem durch feine Impulse, die wir erst bewusst wahrnehmen müssen.

Übung:

Wenn du eine Entscheidung treffen möchtest, spüre nicht nur auf ein einfaches „Ja“ oder „Nein“. Frage dich stattdessen: Fühlt sich mein Körper weit oder eng an? Wo spüre ich die stärkste Reaktion – im Bauch, in der Brust, in der Kehle? Was geschieht mit meinem Atem, wenn ich an Option A oder Option B denke? Diese Art der feinen Wahrnehmung hilft uns, tiefer zu verstehen, was unser Körper uns wirklich sagen möchte. Wir sprechen oft davon, dass wir „auf unser Bauchgefühl hören“ sollen – doch unser Bauchgefühl wird stark von unserer Nervensystem-Erfahrung geprägt. Ein Beispiel:

- Wenn unser Nervensystem in einem Zustand von Übererregung (Fight-or-Flight) ist, dann kann sich alles potenziell bedrohlich anfühlen – selbst Dinge, die uns eigentlich guttun könnten.
- Wenn unser Nervensystem in Untererregung (Shutdown, Freeze) ist, nehmen wir viele Dinge nicht klar wahr – wir haben das Gefühl, „nichts zu wissen“ oder „nichts zu spüren“.

Das bedeutet: Nicht jedes Gefühl ist eine intuitive Wahrheit. Manchmal ist es nur eine Schutzreaktion. Wie können wir aber echte Intuition von alten Schutzmechanismen unterscheiden? Eine echte Intuition kommt aus einem regulierten Nervensystem. Sie fühlt sich ruhig, klar und aus dem Inneren kommend an. Eine reaktive Schutzreaktion fühlt sich hingegen angespannt, drängend oder blockierend an. Deshalb ist es so wichtig, unser Nervensystem in Balance zu bringen, bevor wir große Entscheidungen treffen oder auf unser „Bauchgefühl“ hören.

Während der Rauhnächte sind wir besonders empfänglich für Eingebungen und innere Klarheit. Doch anstatt alles, was wir fühlen, sofort als „Wahrheit“ zu nehmen, können wir uns fragen:

- Ist das, was ich gerade spüre, eine intuitive Erkenntnis oder eine alte Schutzreaktion?
- Kommt diese Eingebung aus einem Zustand der Ruhe oder aus einem Gefühl der Dringlichkeit und Angst?
- Wie fühlt sich diese Idee in meinem Körper an, wenn ich mich bewusst entspanne?

So lernen wir, echte innere Führung von alten Mustern zu unterscheiden.

Körperbewusstsein für die Verbindung mit der Rauhnachtsenergie

Die Rauhnächte gelten als eine Zeit, in der die Grenzen zwischen den Welten dünner sind – eine Phase, in der sich das Sichtbare und das Unsichtbare begegnen. Doch um diese Magie zu erleben, müssen wir unser Wahrnehmungsfeld erweitern. Dazu gehört: Mehr auf die Zwischentöne zu achten, anstatt nur auf die großen Zeichen zu warten. Nicht nur auf Worte und Gedanken zu hören, sondern auf Empfindungen, Energien und Stimmungen. Uns bewusst mit unserem inneren Raum zu verbinden – denn dort liegt die wahre Weisheit. Feines Lauschen bedeutet: Stille nicht nur auszuhalten, sondern sie bewusst zu erleben. Fragen nicht nur mit dem Kopf zu beantworten, sondern zu spüren, was sich zeigt. Zu erkennen, dass die subtilsten Zeichen oft die wichtigsten sind.

Übung für die Rauhnächte:

Setze dich in Stille und lausche nicht nur auf deine Gedanken, sondern auf das, was dazwischen geschieht:

- Spüre, welche Bilder oder Empfindungen von selbst auftauchen.
- Achte auf die ersten Reaktionen deines Körpers, wenn du an eine Frage denkst.
- Vertraue darauf, dass nicht immer sofort eine Antwort kommt – manchmal liegt die Magie im Nichtwissen.

Diese Art des feinen Wahrnehmens erlaubt uns, in den Rauhnächten nicht nur über unser Leben nachzudenken, sondern es wirklich zu spüren.

FAZIT: WARUM DIESE TIEFE FÜR DEN RAUHNACHTSPROZESS ENTSCHEIDEND IST

Dadurch, dass wir unsere Wahrnehmung bewusst verfeinern, erschaffen wir die besten Voraussetzungen für die Prozesse, die uns in den Rauhnächten erwarten: Wir nehmen unsere innere Wahrheit klarer wahr. Wir können zwischen alter Angst und echter Intuition unterscheiden. Wir öffnen uns für subtile Zeichen und Botschaften, die uns sonst entgehen würden.

Das feine Lauschen ist die Brücke zwischen unserer inneren Welt und dem, was sich im Außen manifestieren kann. Es ist der Schlüssel, um nicht nur über unsere Visionen nachzudenken, sondern sie von innen heraus entstehen zu lassen.

Die Rauhnächte sind eine Zeit der Magie – doch die wahre Magie beginnt in uns. Dort, wo wir den Mut haben, still zu werden. Dort, wo wir lernen, wirklich zuzuhören. Dort, wo wir erkennen: Unsere tiefste Wahrheit war immer da – wir mussten nur still genug werden, um sie zu hören.

UMSETZUNG

Sperrnächte:
8. bis 19. Dezember
Seite 66–101

Rauhnächte:
24. Dezember bis 6. Januar
Seite 108–155

BEVOR ES LOSGEHT: DEIN RAUM FÜR DIE REISE DURCH DIE RAUHNÄCHTE

Vielleicht möchtest du dich auf deine Reise durch die Sperr- und Rauhnächte noch bewusster vorbereiten, indem du dir einen ganz eigenen Ort für deine innere Arbeit schaffst. Richte dir eine kleine Ecke oder einen besonderen Platz ein – vielleicht einen Lieblingssessel, eine kleine Ecke am Fenster oder einen liebevoll gestalteten Tisch. Es geht nicht darum, einen perfekten Raum zu erschaffen. Vielmehr darum, dir selbst zu signalisieren: Hier darf ich mir begegnen. Hier ist Raum für mein Sein.

Vielleicht möchtest du dir auch ein schönes Tagebuch oder Notizbuch besorgen – eines, das dich schon beim Ansehen daran erinnert, dass deine inneren Erfahrungen wertvoll sind.

Dieses Tagebuch wird dein stiller Begleiter sein: ein Ort, an dem du alles, was in dieser besonderen Zeit auftaucht, liebevoll aufschreiben kannst. Nicht, um es zu bewerten. Nicht, um es zu analysieren. Sondern, um Zeugnis abzulegen von deiner Reise. Um den feinen Spuren deines Erlebens eine Form zu geben. Wenn du später im neuen Jahr zurückblätterst, wirst du vielleicht staunen, wie vieles, was zunächst leise in dir auftauchte, sich auf wundersame Weise entfaltet hat.

Vielleicht möchtest du während der Sperr- und Rauhnächte jeden Tag ein paar Momente nehmen, um folgende Fragen zu bewegen:

- Was habe ich heute in mir wahrgenommen?
- Welche Zeichen, Träume oder inneren Bilder haben sich gezeigt?
- Wie fühlt sich mein Körper an, wenn ich in mich hineinlausche?
- Welche Sehnsuchte, Ängste oder Visionen tauchen auf?

Dein Aufschreiben wird zu einem lebendigen Dialog mit deinem inneren Wissen. Es wird zu einer Form der Verkörperung – einer sanften Einladung an dein Nervensystem, dich selbst bewusster zu spüren und tiefer zu verstehen.

SPERRNÄCHTE

BEWUSSTES ABSCHLIESSEN UND INTEGRIEREN

DIE SPERRNÄCHTE – DER PROZESS

Die Sperrnächte sind eine Schwelle, ein Raum zwischen Vergangenheit und Zukunft. Sie laden uns ein, nicht einfach ins neue Jahr hineinzustolpern, sondern bewusst innezuhalten, zurückzublicken, zu ehren, was war, und zu integrieren, was noch in uns arbeitet.

In einer Welt, die ständig nach vorne drängt, in der alles immer schneller geht, vergessen wir oft, dass wahre Veränderung nur geschehen kann, wenn wir das, was bereits da ist, bewusst annehmen. Wir können nichts Neues erschaffen, wenn wir das Alte nicht verarbeitet haben. Und genau darum geht es in den Sperrnächten: Integration.

1. Integration bedeutet nicht, etwas loszuwerden, sondern es in uns aufzunehmen, es zu verstehen, es in unsere Geschichte einzufügen.
2. Integration bedeutet, nicht mehr gegen das Vergangene anzukämpfen, sondern es als einen Teil von uns anzunehmen.
3. Integration bedeutet, den Boden zu bereiten, damit das Neue Wurzeln schlagen kann.

Denn das, was wir nicht bewusst integrieren, bleibt als unbewusste Last in uns bestehen. Es taucht auf in Form von wiederkehrenden Mustern, emotionalen Flashbacks oder einer unbestimmten Schwere, die uns daran hindert, wirklich vorwärtszugehen.

Die Sperrnächte sind also nicht einfach eine Zeit des Rückblicks. Sie sind eine bewusste Einladung, das Alte zu ehren, es in unser System aufzunehmen und uns dadurch für eine neue Schwingung, eine neue Ausrichtung zu öffnen.

Stell dir vor, das Jahr wäre ein einziger, großer Atemzug:

- Die Sperrnächte sind das Ausatmen des alten Jahres – eine Phase des bewussten Loslassens, des Ehren dessen, was war.
- Die Wintersonnenwende ist der Nullpunkt, der Moment der absoluten Stille zwischen Ein- und Ausatmen, in dem Vergangenheit und Zukunft aufeinandertreffen.
- Die Rauhnächte sind der erste bewusste Atemzug des neuen Jahres – der Moment, in dem wir unsere neue Energie setzen.

Doch dieser natürliche Zyklus wird oft ignoriert. Wir hetzen von einem Jahr ins nächste, ohne wirklich einen Abschluss zu machen. Und genau hier setzen die Sperrnächte an: Sie geben uns den Raum und die Zeit, das Alte bewusst auszuatmen, bevor wir das Neue einatmen.

In dieser Zeit geht es darum, sich zu fragen: Welche Erfahrungen habe ich in diesem Jahr gemacht? Welche Herausforderungen habe ich gemeistert? Welche ungeheilten Wunden tragen noch Spuren in mir? Welche Erkenntnisse möchte ich tiefer in mein Wesen integrieren?

Während dieser Tage und Nächte tauchen wir tief ein in die Energie der vergangenen Monate. Jeder Abend ist eine Einladung, einen Monat des vergangenen Jahres noch einmal bewusst zu reflektieren und zu spüren, was er in uns hinterlassen hat. Was war im Januar präsent? Welche Themen haben mich dort beschäftigt? Wie habe ich mich im Februar gefühlt? Was hat mich herausgefordert? Welche Entwicklungen habe ich durchlebt? Welche alten Muster haben sich gezeigt?

Diese bewusste Innenschau ist wie das Sortieren einer Schatzkiste: Wir entscheiden, welche Erfahrungen wertvoll sind und uns weiter begleiten dürfen – und welche wir in Frieden abschließen wollen. Es ist ein sanfter, aber kraftvoller Prozess: kein radikales Abschneiden, sondern ein liebevolles Integrieren. Und genau das macht ihn so transformierend.

Integration statt loslassen – Warum wir das Alte nicht einfach abstreifen können

Oft denken wir, dass Veränderung bedeutet, etwas loszulassen. Wir wollen alte Ängste hinter uns lassen, negative Muster „abschneiden“ und uns von dem befreien, was uns begrenzt. Doch unser Nervensystem funktioniert nicht auf diese Weise. Alles, was wir „loslassen“ wollen, ohne es zu integrieren, bleibt als unbewusstes Muster bestehen.

Unser Gehirn arbeitet in Geschichten. Und wenn wir eine Geschichte einfach abschneiden, bleibt sie als Fragment in uns zurück – ungelöst, unfertig, immer wieder anklopfend. Deshalb geht es in den Sperrnächten nicht darum, etwas loszuwerden. Es geht darum, es zu verstehen. Jede Angst, jede Herausforderung hatte einen Zweck. Jede Erfahrung hat eine Botschaft hinterlassen. Jeder Rückschlag hat uns etwas gelehrt.

Sobald wir diese Perspektive einnehmen, beginnt unser Nervensystem, sich zu entspannen. Wir kämpfen nicht mehr gegen unsere Vergangenheit – wir nehmen sie als Teil unserer Reise an. Und genau dann geschieht wahre Transformation.

Wie du dich auf die Sperrnächte vorbereiten kannst

Um diese Zeit wirklich für dich zu nutzen, kannst du dir jeden Abend bewusst Raum nehmen, um einen Monat des vergangenen Jahres genauer zu betrachten:

- Rückblick: Welche Themen waren in diesem Monat präsent?
- Wahrnehmung: Wie fühlt sich dieser Monat in deinem Körper an?
- Integration: Was möchte ich in Dankbarkeit mitnehmen? Was braucht noch Aufmerksamkeit?

Diese Fragen helfen dir, den Prozess nicht nur mit dem Verstand zu durchlaufen, sondern auch mit deinem Körper, deinem Nervensystem, deiner Intuition. Denn die tiefste Weisheit liegt nicht in Gedanken – sie liegt in der Art, wie du dein Erlebtes in dein Wesen aufnimmst.

Und vielleicht spürst du genau jetzt, dass etwas in dir bereit ist, sich zu bewegen.

Nicht sprunghaft, sondern ganz sanft. Denn immer dann, wenn wir uns tiefer mit unserem Erleben verbinden, taucht etwas auf, das wir oft übersehen: der Moment dazwischen.

Dieser feine Zwischenraum – zwischen dem Alten und dem Neuen – ist mehr als nur eine Phase. Es ist ein Übergang. Und genau hier beginnt der nächste Schritt.

Übergänge sind oft die schwierigsten Phasen im Leben. Ob es der Wechsel in einen neuen Lebensabschnitt ist, das Ende einer Beziehung, der Abschied von einer alten Version von uns selbst – all diese Momente können Unsicherheit auslösen. Und doch liegt genau darin eine große Kraft.

Die Sperrnächte lehren uns, dass Übergänge nicht einfach Phasen sind, die wir überbrücken müssen – sie sind ein Raum der tiefen

Erkenntnis und Neuordnung. Sie helfen uns, bewusster in unsere Vergangenheit zu blicken. Sie geben uns die Möglichkeit, uns mit uns selbst zu versöhnen. Sie schaffen die Grundlage für das Neue, das kommen darf.

Diese Zeit lehrt uns, dass wir nicht einfach von einem Zustand in den nächsten springen können, sondern dass es einen bewussten Raum dazwischen braucht. Wenn wir diesen Raum ehren, erlauben wir uns, in unsere volle Kraft zu kommen. Wenn wir bewusst integrieren, können wir bewusst erschaffen.

Willkommen in den Sperrnächten – Deiner Zeit der inneren Klarheit

Nun beginnt dein Prozess. Jede Nacht ist ein neuer Blick zurück – ein Geschenk, das du dir selbst machst, um mit mehr Klarheit, mehr Frieden und mehr Bewusstsein ins neue Jahr zu treten.

In den nächsten zwölf Nächten begibst du dich auf einen nächtlichen Rückweg zu dir selbst. Jede Sperrnacht steht für einen Monat des vergangenen Jahres – ein inneres Tor, durch das du noch einmal hindurchgehen darfst, um zu spüren, was dort in dir gelebt hat. Welche Erfahrungen dich geformt haben. Welche Spuren noch fühlbar sind. Welche Erinnerungen Frieden suchen. Du wirst dabei liebevoll begleitet – durch Texte, die dich erinnern, und durch Reflexionsfragen, die dich tiefer lauschen lassen. Vielleicht möchtest du dir für diese Reise ein Journal zur Seite legen. Einen Raum, in dem du festhalten kannst, was in dir auftaucht – nicht um zu analysieren, sondern um Zeuge deiner eigenen Tiefe zu werden.

Am Ende jeder Nacht findest du eine feine Körperübung – einen Anker für dein Nervensystem. Sie helfen dir, das, was sich zeigt, nicht nur zu denken, sondern auch zu verkörpern. In deinem Tempo. In deiner Tiefe. Damit das Vergangene nicht in dir stecken bleibt, sondern sich integrieren darf. Die Sperrnächte sind keine lineare Aufgabe. Sie sind ein Kreis, der sich schließt. Ein Nachhausekommen. Still. Wahr. Und ganz bei dir.

- Du wirst erleben, wie sich dein Nervensystem beruhigt, wenn du das Alte nicht bekämpfst, sondern in Dankbarkeit integrierst.
- Du wirst spüren, wie sich emotionale Lasten lösen, wenn du bewusst auf das schaust, was du mitnehmen möchtest.
- Du wirst merken, dass Veränderung dann am tiefsten geschieht, wenn sie in einem sicheren Rahmen eingebettet ist.

Die Sperrnächte sind deine Gelegenheit, dir diesen Rahmen zu schenken. Für dich, für deinen inneren Frieden, für die Wurzeln, aus denen du wachsen willst.

Atme tief ein – und dann aus.

Lass dich auf diesen Prozess ein.

Denn du bereitest gerade den Boden für das neue Jahr – und für all das, was in dir wachsen möchte.

8. Dezember

1. Sperrnacht

Rückblick auf den Januar

Sicherheit als Basis für alles.

Der erste Monat des Jahres trägt eine besondere Energie in sich. Einerseits verspricht er Neuanfang, Aufbruch, frische Ideen. Andererseits bringt er oft auch eine Welle von Unsicherheit mit sich. Januar hält uns einen Spiegel vor – er zeigt uns, wo wir stehen und wo wir noch zögern, uns wirklich auf das Neue einzulassen.

Vielleicht erinnerst du dich an den Beginn des vergangenen Jahres:

- Mit welchen Gedanken bist du damals ins Jahr gestartet?
- Welche Hoffnungen oder Wünsche hattest du für dich selbst?
- Gab es ein Gefühl der Vorfreude – oder eine gewisse Schwere, ein Zögern?

Manchmal ist der Januar ein Monat der Motivation, manchmal ein Monat des Drucks. Manche Menschen gehen mit voller Energie in das neue Jahr, setzen sich Ziele, haben den Wunsch, die Zukunft ganz bewusst steuern zu wollen. Andere spüren eher eine Unsicherheit, fühlen sich orientierungslos oder spüren eine leise Müdigkeit, als wäre der neue Zyklus noch gar nicht wirklich in Gang gekommen.

Der Balanceakt zwischen Sein und Tun

In dieser ersten Sperrnacht lade ich dich ein, den vergangenen Januar noch einmal bewusst zu betrachten – aber nicht aus der Perspektive von Erfolg oder Misserfolg. Es geht nicht darum, ob du deine Vorsätze eingehalten hast, ob du diszipliniert warst oder ob du das Gefühl hattest, gut gestartet zu sein. Vielmehr geht es um eine feinere, tiefere Frage:

Warst du in Einklang mit dir selbst? Oder hast du dich eher getrieben gefühlt?

In unserer Gesellschaft ist der Jahresanfang oft mit Erwartungen beladen. Der Kalender wechselt – und plötzlich soll alles neu sein. Doch unser Inneres folgt nicht diesem starren Rhythmus. Veränderung geschieht nicht auf Knopfdruck, sondern in Zyklen, die von unserer eigenen inneren Zeit bestimmt werden.

Manchmal fühlt sich der Januar noch nicht nach Neubeginn an, sondern eher nach einem verzögerten Ausklang des alten Jahres.

Dann ist es, als würde sich das Alte noch festhalten, als bräuchte unser System noch etwas mehr Zeit, um sich wirklich auf das Neue einzulassen.

Sicherheit als inneres Fundament

Einer der wichtigsten Aspekte der Sperrnächte ist das Erspüren unserer eigenen Sicherheit. Sicherheit bedeutet nicht, dass alles um uns herum stabil sein muss, sondern dass wir in uns selbst einen ruhenden Punkt finden.

- Wann hast du dich im vergangenen Jahr sicher gefühlt?
- Was hat dieses Gefühl genährt?
- Wo hast du Unsicherheit gespürt – und was hat sie ausgelöst?

Viele von uns suchen Sicherheit im Tun – in Plänen, in Strukturen, in Kontrolle. Doch oft entsteht wahre Sicherheit in etwas ganz anderem: in der Fähigkeit, mit dem zu sein, was gerade ist. Manchmal ist der sicherste Ort nicht der, an dem wir alles unter Kontrolle haben, sondern der, an dem wir uns erlauben zu vertrauen. Vielleicht möchtest du in dieser Sperrnacht genau darauf achten:

- Wo hast du Sicherheit eher im Außen gesucht – und wo hast du sie in dir selbst gefunden?
- Gibt es einen Moment im vergangenen Januar, in dem du dich wirklich getragen gefühlt hast?
- Gibt es eine Situation, in der du dich überfordert gefühlt hast – und heute mit einem neuen Blick darauf schauen kannst?

DEINE SICHERE BASIS

I

Nimm eine aufrechte, bequeme Position ein –
im Sitzen oder Liegen.
Lege eine Hand auf deinen unteren Bauch und die andere auf dein Herz.
Schließe sanft deine Augen oder lass den Blick weich werden.

Atme tief in deinen Bauch ein – so, als würdest du mit
jedem Atemzug innerlich mehr Raum schaffen.
Beim Ausatmen stelle dir vor, dass du in deinen Körper hineinsinkst –
wie ein Blatt, das sanft auf der Erde landet.

Wiederhole diesen ruhigen Atemzyklus fünfmal:
Einatmen – Raum schaffen.
Ausatmen – Ankommen.

Dann lenke deine Aufmerksamkeit auf eine Erinnerung oder ein Bild,
das dir ein Gefühl von Sicherheit schenkt.
Das kann ein Ort sein, eine Begegnung, ein Moment in der Natur –
oder einfach die Vorstellung von einer warmen, tragenden Kraft in dir.

Während du atmest, sage innerlich (oder leise laut):
„Ich bin sicher. Hier. In mir."

Wenn du möchtest, verstärke dieses Gefühl, indem du sanft mit deinen Händen
über deinen Bauch und dein Herz streichst.
Wie eine stille Geste an dich selbst: Ich bin hier. Ich bin sicher. Ich darf vertrauen.

Spüre, wie dein Körper auf diese Botschaft reagiert:
Vielleicht wird dein Atem tiefer, dein Herz ruhiger, dein innerer Raum weiter.

Erinnere dich:
Sicherheit beginnt nicht im Außen.
Sie wächst in dem Moment, in dem du dich selbst wieder spürst.

REFLEXIONSFRAGEN ZUR ERSTEN SPERRNACHT

1. Welche Erinnerungen und Gefühle aus dem vergangenen Januar tauchen jetzt auf?
2. Wo hast du dich stabil gefühlt – und wo eher unsicher?
3. Welche Momente in deinem Leben haben dir das größte Gefühl von innerer Sicherheit geschenkt?
4. Wie kannst du dich selbst in diesem Moment in Sicherheit wiegen? Was tut dir jetzt gut?

9. Dezember

2. SPERRNACHT

Rückblick auf den Februar

Deine Einzigartigkeit finden

Der Februar ist ein Monat des Übergangs. Noch liegt der Winter in der Luft, doch das Licht beginnt bereits, sich spürbar auszudehnen. Die Tage werden länger, die ersten Zeichen von Veränderung zeigen sich – doch oft sind sie noch zaghaft, fast unmerklich. Vielleicht erinnerst du dich an deinen vergangenen Februar:

- Welche Themen haben dich damals begleitet?
- Gab es Veränderungen, die sich angekündigt haben, aber noch nicht greifbar waren?
- Hast du dich eher verbunden mit deiner Umgebung gefühlt – oder warst du mehr in deinem eigenen Raum, in deiner eigenen Welt?

Der Februar ist eine Zeit, in der die Natur beginnt, sich langsam auf den Frühling vorzubereiten. Doch bevor das Wachstum im Außen sichtbar wird, passiert es tief im Inneren. Die Samen liegen noch verborgen in der Erde – genau wie manche Erkenntnisse und Prozesse in uns noch in einer unsichtbaren Phase der Reifung sein können.

Zwischen Individualität und Zugehörigkeit – Eine Suche nach Orientierung

Im Februar fokussieren wir uns auf die Spannung zwischen dem Wunsch nach Freiheit und dem Bedürfnis nach Zugehörigkeit: Wo gehöre ich hin? Wo bin ich richtig? Wie viel Individualität darf ich mir erlauben?

Vielleicht hast du dich in diesem Jahr an manchen Stellen anders gefühlt – als würdest du nicht ganz in das Bild passen, das andere von dir haben. Vielleicht gab es Situationen, in denen du dich zurückgezogen hast, weil du das Gefühl hattest, dass dich niemand wirklich versteht.

Doch diese Spannung zwischen Individualität und Verbindung ist nicht etwas, das „weggehen" muss. Sie ist Teil unseres Lebens – und sie zeigt sich besonders dann, wenn unser Nervensystem in einen Zustand der Über- oder Untererregung gerät. Wenn wir übererregt sind, fühlen wir uns oft abgeschnitten von anderen. Unsere Gedanken kreisen schneller, wir analysieren zu viel, wir fühlen uns getrennt, bedroht, getriggert. Wenn wir hingegen zu wenig Erregung im Nervensystem haben, kann es sein, dass wir uns taub und distanziert fühlen. Dann entsteht das Gefühl, „nicht dazuzugehören", „anders zu sein", „keinen Platz zu haben".

Doch du bist nicht die Zustände deines Nervensystems. Du bist auch nicht dein Gefühl der Trennung. Was wäre, wenn du heute einfach nur beobachtest, wo du stehst? Nicht um dich zu bewerten, sondern um zu erkennen, dass du nicht „falsch" bist, sondern dass dein Körper auf etwas reagiert, das noch verstanden werden möchte.

Deine innere Ausrichtung finden

Vielleicht ist der Februar in dir mit einer gewissen Rastlosigkeit verknüpft. Vielleicht aber auch mit dem ersten leisen Ruf nach etwas Neuem. Manchmal ist das Gefühl, nicht dazuzugehören, nicht die Realität, sondern eine Schutzreaktion. Wenn wir Angst vor Ablehnung haben, ziehen wir uns oft zurück, bevor wir überhaupt erfahren, ob wir wirklich ausgeschlossen werden.

Doch die Wahrheit ist: Wir alle gehören dazu. Du hast einen Platz, genauso, wie du bist.

Spüre heute in diese Möglichkeit hinein. Vielleicht gibt es einen Moment in deinem vergangenen Februar, in dem du wirklich verbunden warst – mit dir selbst, mit anderen, mit einem größeren Ganzen. Lass dieses Gefühl heute für einen Moment in dir lebendig werden.

Verbundensein spüren II

Setze oder lege dich bequem hin. Lege eine Hand auf dein Herz und eine auf deinen Unterbauch. Schließe sanft deine Augen oder lass den Blick weich werden.

Atme tief in deinen Bauch ein – so, als würdest du Raum in dir schaffen. Atme langsam aus – und spüre, wie du mit jedem Ausatmen ein Stück mehr in deinen Platz einsinkst.

Lass dich tragen – vom Stuhl, vom Boden, vom Ort, an dem du gerade bist. Mit jedem Atemzug darf dein Körper ein wenig weicher werden. Mit jedem Ausatmen gibst du etwas mehr von deinem Gewicht an die Erde ab. Spüre, wie die Schwerkraft dich hält – ohne dass du etwas dafür tun musst. Dein Körper kennt diesen Moment des Ankommens.

Nun beginne, deine Umgebung mit deiner Aufmerksamkeit zu spüren – ganz sanft, ohne die Augen zu öffnen.

Nimm wahr, dass du umgeben bist. Von Wänden. Von Luft. Vom Boden unter dir. Lass dein System fühlen: *Ich bin hier. Ich bin gehalten. Ich bin nicht allein.*

Dann stelle dir eine Frage, ohne sie beantworten zu müssen:
Was, wenn ich genau jetzt schon dazugehöre?

Vielleicht spürst du eine kleine Regung im Herzraum. Ein Hauch von Wärme. Ein inneres Weiten. Vielleicht auch nur Stille. Alles ist willkommen.

Wenn du magst, streiche sanft mit der Hand über dein Herz – wie eine stille Geste des Erinnerns. Nicht, um etwas zu erreichen. Sondern um zu spüren, was schon da ist.

Erinnere dich:
Zugehörigkeit ist kein Ziel, das du erreichen musst.
Sie ist ein innerer Zustand, der sich zeigt, wenn dein Körper sich sicher fühlt, und du dir erlaubst, da zu sein. Genau jetzt. Genau so.

REFLEXIONSFRAGEN ZUR ZWEITEN SPERRNACHT

1. Welche Erinnerungen tauchen auf, wenn du an deinen vergangenen Februar denkst?
2. Gab es Momente, in denen du dich einsam oder getrennt gefühlt hast?
3. Gab es Situationen, in denen du trotz deiner Einzigartigkeit ein tiefes Gefühl von Zugehörigkeit gespürt hast?
4. Was kannst du heute tun, um dich mehr mit dir selbst und deiner Umgebung verbunden zu fühlen?

10. Dezember

3. Sperrnacht

Rückblick auf den März

Das sanfte Grenzensetzen

Der März ist ein Monat der Übergänge. Der Winter endet, der Frühling beginnt, und doch kann sich die Kälte oft noch hartnäckig halten. Es ist eine Zeit, in der sich etwas Neues ankündigt, aber oft noch nicht vollständig greifbar ist. Vielleicht erinnerst du dich an deinen vergangenen März:

- Welche Themen waren in dieser Zeit für dich präsent?
- Gab es etwas, das sich bereits zeigen wollte, aber noch im Unklaren lag?
- Hast du dich verbunden mit dir selbst gefühlt – oder eher orientierungslos, als wärst du noch nicht ganz angekommen?

Der März bringt die Qualität des Fließens mit sich – und genau das kann sich manchmal herausfordernd anfühlen. Während im Außen die Welt langsam erwacht, geschieht auch in unserem Inneren eine Bewegung, eine sanfte Transformation. Doch noch ist nicht alles klar, noch gibt es Unschärfen, noch sind die Grenzen zwischen Vergangenheit und Zukunft durchlässig.

Die feine Balance zwischen Verbundenheit und Grenzen

Vielleicht hast du im letzten Jahr Momente erlebt, in denen du dich sehr verbunden gefühlt hast – mit der Welt, mit anderen Menschen, mit einem größeren Ganzen. Vielleicht gab es aber Situationen, in denen du das Gefühl hattest, nicht genau zu wissen, wo du aufhörst und wo das Außen beginnt. Diese Momente sind Zeichen eines offenen, hochsensiblen Nervensystems. Sie zeigen uns, wie fein unsere Wahrnehmung ist – aber auch, wo wir Grenzen brauchen. In dieser Sperrnacht lade ich dich ein, diese feine Balance in dir zu erforschen:

- Wo hast du dich im vergangenen Jahr mit allem verbunden gefühlt – aber vielleicht auch ein wenig verloren?
- Gab es Momente, in denen du zu sehr in den Emotionen anderer aufgegangen bist?
- Hast du dich irgendwo angepasst, um nicht als „zu sensibel“ zu gelten?

Die Kunst besteht darin, mitfühlend, aber nicht verschmelzend zu sein. Sie zeigt uns, wie wir die Welt fühlen können, ohne uns selbst darin zu verlieren.

Deine Feinfühligkeit als Geschenk – nicht als Last

Oft wird Sensibilität als etwas Problematisches gesehen. Zu sensibel, zu weich, zu fein – das sind Worte, die viele feinfühlige Menschen irgendwann in ihrem Leben gehört haben. Doch in Wahrheit ist Feinfühligkeit eine Gabe. Sie erlaubt uns, tief zu spüren, was wahr ist. Sie erlaubt uns, mit anderen Menschen auf einer Ebene zu kommunizieren, die über Worte hinausgeht. Und sie erlaubt uns, subtile Veränderungen in uns und um uns herum wahrzunehmen. Doch diese Fähigkeit braucht Bewusstsein und Orientierung.

Wenn wir unsere eigene Sensitivität nicht regulieren, kann sie sich gegen uns richten. Wir nehmen dann zu viele Emotionen von außen auf und wissen nicht, was davon eigentlich unseres ist. Wir flüchten uns in Träume, Fantasien oder Ablenkungen, weil die Realität zu intensiv wirkt, und wir haben Schwierigkeiten, klare Grenzen zu setzen, weil wir Angst haben, damit die Verbindung zu verlieren. Doch wahre Verbindung entsteht nicht durch das Aufgeben der eigenen Identität. Sie entsteht, wenn wir uns erlauben, in unserer Sensitivität klar und bewusst zu sein. Vielleicht möchtest du heute Abend genau das erforschen:

- Wo fühlst du dich sicher mit deiner Feinfühligkeit – und wo macht sie dich angreifbar?
- Wie kannst du dich selbst besser halten, wenn du spürst, dass du zu sehr in andere eintauchst?
- Welche Grenzen tun dir gut – und wie kannst du sie setzen, ohne dich zu verschließen?

DEINE FEINE GRENZE SPÜREN

III

Nimm dir einen stillen Moment nur für dich.
Setze dich bequem hin oder lege dich entspannt auf den Rücken.
Wenn du möchtest, decke dich zu oder lege eine Hand auf dein Herz.

Schließe behutsam deine Augen und atme einige Male tief in deinen Bauch ein.
Lass deinen Atem kommen und gehen, ohne ihn verändern zu müssen –
wie eine sanfte Welle, die dich trägt.

Nun lenke deine Aufmerksamkeit nach innen.
Stelle dir vor, deine Feinfühligkeit sei wie ein zartes, warmes Licht in deinem Körper.
Spüre intuitiv hin: *Wo in deinem Körper fühlt sich dieses Licht zu Hause?*
Vielleicht nimmst du eine Stelle besonders deutlich wahr – dein Herz, deinen Bauch,
deine Hände oder deinen Kopf.

Lass dieses Gefühl bewusst wachsen – stell dir vor, wie sich dein inneres Licht in alle Richtungen ausdehnt, wie eine stille Welle, die dich von innen nach außen umhüllt.

Atme ruhig weiter.
Und dann, ohne Anstrengung, spüre:
Wo endet deine eigene Energie?
Wo beginnt das Feld, das um dich herum ist?
Vielleicht nimmst du einen Rand wahr – eine feine Grenze zwischen innen und außen.

Bleibe einen Moment in dieser Wahrnehmung:
Du bist verbunden, aber du hast eine eigene, liebevolle Grenze.
Du kannst fühlen, ohne dich selbst zu verlieren.

Zum Abschluss lege deine Hände sanft auf deinen Bauch oder dein Herz und sage innerlich:
„Ich darf fühlen und gleichzeitig bei mir bleiben."

Erinnere dich:

Deine Feinfühligkeit ist eine Gabe, die Welt mit wachem Herzen zu berühren, ohne dich aufzugeben. Nimm dieses feine Spüren mit in den Alltag. Halte immer mal wieder inne – im Gespräch, in der Bahn, beim Einkaufen – und lausche: Wie weit reicht mein Feld gerade? Wie fühlt sich meine Grenze in dieser Umgebung an? Bin ich bei mir oder verliere ich mich im Außen? Diese Selbstwahrnehmung hilft dir, in Verbindung zu bleiben.

REFLEXIONSFRAGEN ZUR DRITTEN SPERRNACHT

1. Welche Erinnerungen aus deinem vergangenen März tauchen jetzt in dir auf?
2. Wo hast du dich in diesem Monat besonders verbunden gefühlt – und wo vielleicht verloren?
3. Gab es Momente, in denen du deine eigene Sensibilität als Geschenk empfunden hast?
4. Wie kannst du deine Feinfühligkeit bewusster nutzen, ohne dich darin aufzulösen?

11. Dezember

4. SPERRNACHT

Rückblick auf den April

Mutig werden

Der April ist ein Monat des Wandels. Die Natur erwacht endgültig, das Licht ist nun kraftvoll spürbar, und doch gibt es noch Tage, an denen der Winter sich zurückmeldet. Es ist eine Zeit der Bewegung – manchmal voller Aufbruch, manchmal voller Zweifel. Vielleicht erinnerst du dich an deinen vergangenen April:

- Gab es Momente, in denen du voller Tatendrang warst – und andere, in denen du dich gebremst gefühlt hast?
- Warst du bereits in einer klaren Richtung unterwegs, oder hattest du das Gefühl, dich immer wieder neu orientieren zu müssen?
- Gab es Herausforderungen, in denen du das Gefühl hattest, dich beweisen zu müssen?

April ist ein Monat, in dem wir oft spüren, wie sehr wir im Fluss sind – oder eben nicht. Er fordert uns auf, unsere innere Bewegung zu erkennen, aber auch, wo wir uns unter Druck setzen.

Die Spannung zwischen Drang nach Vorwärtsgehen und der Angst zu versagen

Die Energie des Aprils kann intensiv sein. Er bringt uns oft in Kontakt mit Themen wie Wettbewerb, Leistung und dem Gefühl, etwas erreichen zu müssen. Vielleicht hattest du in diesem Monat den Wunsch, etwas Neues zu starten – aber gleichzeitig die Angst, es nicht gut genug zu machen. Den Drang, der oder die Erste zu sein, voranzukommen – aber auch das Gefühl, immer schneller rennen zu müssen. Vielleicht warst du in einem inneren Konflikt zwischen Mut und Zurückhaltung. In dieser Sperrnacht lade ich dich ein, in dein eigenes Bewegungsmuster hineinzuspüren:

- Wo hast du dich im vergangenen Jahr unter Druck gesetzt?
- Wo hast du dich vielleicht selbst gebremst, weil du Angst hattest zu versagen?
- Gab es Momente, in denen du dich gegen andere behaupten wolltest – oder gegen deine eigenen Zweifel?

Manchmal nehmen wir Herausforderungen nicht an, weil wir sie wirklich wollen, sondern weil wir denken, dass wir sie „gewinnen" müssen. Doch wahre Stärke entsteht nicht im Kampf – sie entsteht aus Klarheit.

Wo stehst du mit deinem Nervensystem?

Unser Nervensystem hat seine eigene Art, mit Veränderung und Herausforderungen umzugehen. Manchmal reagieren wir automatisch und rutschen in Zustände, die uns antreiben oder lähmen, ohne dass wir es bewusst merken.

Im Fight-Modus wollen wir uns beweisen, kämpfen, Leistung bringen. Im Flight-Modus versuchen wir, allem davonzulaufen – innerlich getrieben, ständig auf der Suche nach Sicherheit. Im Freeze-Modus sind wir wie erstarrt, aus Angst, dass jede Entscheidung die falsche sein könnte.

All diese Reaktionen sind Schutzmechanismen. Doch sie führen selten zu echter Entwicklung, sondern oft nur zu Erschöpfung.

Es gibt noch einen anderen Weg: Wandlung aus innerer Klarheit heraus. Ein nächster Schritt, der nicht aus Druck entsteht, sondern aus einer ruhigen Gewissheit: Jetzt bin ich bereit.

Vielleicht möchtest du in dieser Sperrnacht einmal ganz ehrlich zurückschauen: Wo hast du dich im vergangenen Jahr aus Angst oder Anspannung weiterbewegt – obwohl dein Inneres noch Halt gebraucht hätte? Und wo hast du dich aus einem echten inneren Impuls heraus entwickelt – weil etwas in dir reif war für den nächsten Schritt?

Der April lehrt uns, dass nicht jede Bewegung Wachstum bedeutet. Manchmal tun wir Dinge, weil wir glauben, dass es jetzt „dran" ist – nicht, weil sie aus unserer Wahrheit kommen. Die wahre Kunst liegt darin zu spüren, wann Entwicklung aus dir heraus geschieht – nicht, weil du musst, sondern weil du bereit bist.

Bewegung aus dem Inneren

IV

Nimm dir ein paar Minuten Zeit für dich.
Stehe aufrecht, die Füße etwa hüftbreit geöffnet.
Spüre den Boden unter dir – stabil, tragend, verlässlich.

Schließe, wenn du möchtest, sanft deine Augen oder senke den Blick.
Atme ruhig ein und aus – ohne etwas verändern zu wollen, nur atmend, spürend.

Nun lege deine Hände auf deinen unteren Bauch, auf das Zentrum deiner Kraft.
Atme bewusst in diesen Bereich hinein – als würdest du dein inneres Feuer liebevoll nähren.
Stelle dir vor: In deiner Körpermitte sitzt eine warme, ruhige Kraft – wie ein kleines Licht oder ein sanftes Glühen.

Verweile einen Moment bei diesem Bild.
Lass diese Kraft mit jedem Atemzug ein wenig größer werden.
Spüre: Du musst nicht rennen, um etwas zu erreichen.
Dein nächster Schritt darf aus dieser inneren Weite heraus entstehen.

Wenn du bereit bist, beginne eine sanfte Bewegung: Vielleicht möchtest du langsam einen Fuß heben und wieder absetzen. Vielleicht möchtest du deinen Oberkörper leicht kreisen lassen – ganz klein, ganz weich. Vielleicht entsteht eine Geste, ein Dehnen, ein Strecken, das aus deinem Innersten kommt.

Wichtig ist nicht, wie du dich bewegst, sondern woher die Bewegung kommt:
Aus deinem Bauch, aus deiner Mitte, aus deiner eigenen Entscheidung heraus.

Atme dabei tief und frei. Erlaube dir: Ich bewege mich, weil ich will, nicht weil ich muss.

Zum Abschluss halte inne.
Spüre den Nachklang dieser kleinen Bewegung in deinem Körper.
Lege beide Hände auf dein Herz und deinen Bauch und sage innerlich:
„Ich folge meinem eigenen Rhythmus. Ich vertraue meinem inneren Impuls."

Erinnere dich:

Wahrer Mut entsteht nicht aus Druck.
Wahrer Mut wächst aus einem sicheren, liebevollen Raum in dir selbst.

REFLEXIONSFRAGEN ZUR VIERTEN SPERRNACHT

1. Welche Erinnerungen aus deinem vergangenen April tauchen jetzt in dir auf?
2. Gab es Situationen, in denen du das Gefühl hattest, dich beweisen zu müssen?
3. Wann hat sich Bewegung für dich natürlich angefühlt – und wann war sie von Druck begleitet?
4. Wie kannst du in Zukunft unterscheiden, ob eine Entscheidung aus Angst oder aus echtem inneren Wollen kommt?

12. Dezember

5. SPERRNACHT

Rückblick auf den Mai

Bedürfnisse und Werte finden

Der Mai ist ein Monat des Ankommens, des Verwurzeltseins, der ersten Fülle des Jahres. Die Natur steht nun in voller Blüte, die Tage sind spürbar länger, und doch kann sich diese Zeit für viele Menschen ganz unterschiedlich anfühlen. Vielleicht erinnerst du dich an deinen vergangenen Mai:

- Gab es Momente, in denen du dich richtig genährt und stabil gefühlt hast?
- Hast du dir bewusst Zeit genommen, deine eigenen Bedürfnisse wahrzunehmen?
- Oder hast du dich eher festgehalten an Strukturen, die dir vermeintlich Sicherheit gegeben haben?

Der Mai bringt uns oft in Kontakt mit dem, was uns wirklich nährt – auf allen Ebenen. Doch nicht immer erlauben wir uns, das anzunehmen. Haben wir uns wirklich erlaubt zu empfangen, oder haben wir nur funktioniert?

Sicherheit und Stabilität – Was gibt dir wirklich Halt?

Die Qualität des Mai ist geprägt von Erdung, Beständigkeit und dem tiefen Wunsch nach Stabilität. Doch Sicherheit ist nicht dasselbe wie Stagnation. Oft halten wir an Dingen fest, weil wir glauben, dass sie uns Stabilität geben – eine alte Struktur, ein gewohntes Muster, ein festgelegter Plan. Vielleicht hast du im Mai Momente erlebt, in denen du dachtest:

- „Ich darf mir keine Pause erlauben, sonst verliere ich den Überblick."
- „Ich brauche diese Sicherheit im Außen, sonst fühlt sich mein Inneres instabil an."
- „Ich kann meine Bedürfnisse nicht einfach an erste Stelle setzen."

Doch wahre Stabilität kommt nicht aus dem Festhalten – sie kommt aus der inneren Verwurzelung. Sie entsteht, wenn du erkennst, dass du in dir selbst sicher bist – unabhängig von äußeren Umständen.

Bedürfnisse und Werte – Dein inneres Fundament stärken

Unsere Bedürfnisse sind die Wurzeln, die uns im Leben halten. Wenn wir wissen, was wir wirklich brauchen, und uns erlauben, dafür zu sorgen, entsteht in uns eine tiefe innere Stabilität. Doch oft haben wir verlernt, unsere Bedürfnisse klar wahrzunehmen. Wir sind darauf konditioniert, sie hinten anzustellen, sie kleinzureden oder uns gar nicht erst zu erlauben, sie zu spüren. Stattdessen richten wir uns nach äußeren Erwartungen oder leben nach Prinzipien, die uns irgendwann vorgegeben wurden, ohne zu hinterfragen, ob sie noch stimmig sind. Frage dich stattdessen, was du wirklich brauchst, um dich sicher zu fühlen und welche Werte dich durch dein Leben tragen.

Wenn wir beginnen, uns bewusst mit unseren Werten und Bedürfnissen auseinanderzusetzen, entsteht ein inneres Fundament, das nicht so leicht ins Wanken gerät. Dann suchen wir Stabilität nicht mehr im Außen – in Menschen, Besitz oder Kontrolle –, sondern erkennen, dass wahre Sicherheit aus unserer inneren Klarheit erwächst. Vielleicht möchtest du heute Abend genau das erforschen:

- Wo im vergangenen Jahr hast du gut für deine eigenen Bedürfnisse gesorgt?
- Gab es Momente, in denen du dich übergangen hast, weil du dachtest, andere hätten Vorrang?
- Was bedeutet es für dich, deine Werte bewusst zu leben – und nicht nur nach äußeren Vorgaben zu funktionieren?

VERWURZELT SEIN IN DIR

V

Setze dich aufrecht hin oder stehe entspannt, sodass beide
Füße fest den Boden berühren.
Spüre die Verbindung zwischen dir und der Erde – ganz einfach, ganz still.

Schließe sanft deine Augen oder lass den Blick weich werden.
Atme ein paar Mal ruhig ein und aus, so wie es dir gerade natürlich ist.

Nun richte deine Aufmerksamkeit bewusst auf deine Füße:
Spüre ihre Form, ihr Gewicht, den Kontakt zum Boden.
Vielleicht kannst du die verschiedenen Punkte spüren, an denen deine Füße
die Erde berühren – Fersen, Fußballen, Zehen.

Stelle dir nun beim nächsten Einatmen vor, dass dein Atem bis in deine Füße fließt.
Einatmen: Dein Atem strömt sanft durch deinen Körper hinunter in deine Füße.
Ausatmen: Deine Füße verwurzeln sich tiefer in den Boden.

Wiederhole diesen inneren Fluss – Atem in die Füße senden – für einige Atemzüge.
Stell dir dabei vor, wie aus deinen Fußsohlen feine, lebendige Wurzeln in die Erde wachsen.
Mit jedem Atemzug dürfen diese Wurzeln stärker werden, sich sanft ausbreiten,
Halt und Nahrung finden.

Wenn Gedanken kommen, lass sie vorbeiziehen wie kleine Wolken.
Kehre immer wieder zurück zu deinem Atem – zu deinen Füßen – zu deinen Wurzeln.

Zum Abschluss lege eine Hand auf dein Herz und spüre, wie dein Körper von unten her
gehalten wird. Sage dir innerlich:
„Ich bin getragen. Ich bin verwurzelt. Ich darf auf meine Bedürfnisse hören."

Verweile noch einen Moment in dieser Stille.
Spüre, wie du nicht nur auf dem Boden stehst, sondern dass du ein Teil von ihm bist.
Sicher. Verbunden. Zu Hause.

Erinnere dich:

Je tiefer deine Wurzeln reichen, desto freier kannst du wachsen.
Wahre Sicherheit entsteht, wenn du dir selbst erlaubst anzukommen.

REFLEXIONSFRAGEN ZUR FÜNFTEN SPERRNACHT

1. Welche Erinnerungen aus deinem vergangenen Mai tauchen jetzt in dir auf?
2. Gab es Situationen, in denen du das Gefühl hattest, für deine eigene Sicherheit kämpfen zu müssen?
3. Wann hast du dich wirklich genährt gefühlt – körperlich, emotional, seelisch?
4. Wie kannst du dich in Zukunft bewusster mit deiner inneren Stabilität verbinden?
5. Welche Werte sind dir wirklich wichtig – und lebst du sie bereits bewusst?

13. Dezember

6. SPERRNACHT

Rückblick auf den Juni

Denken und Kommunizieren

Der Juni ist ein Monat der Offenheit, der Begegnung und der Leichtigkeit. Die Natur steht im vollen Wachstum, die Tage sind lang, das Licht erreicht seinen Höhepunkt. Doch genau in dieser Weite kann auch eine gewisse Rastlosigkeit liegen – als würden wir so viel erleben, dass wir gar nicht wissen, wo wir beginnen sollen. Vielleicht erinnerst du dich an deinen vergangenen Juni:

- Gab es Momente, in denen du dich frei und leicht gefühlt hast?
- Hast du dich neugierig und offen dem Leben hingegeben, oder eher an starren Vorstellungen festgehalten?
- Warst du im Austausch mit anderen, im Fluss mit dem Leben, oder hast du dich eher zurückgezogen?

Juni ist die Zeit der Bewegung, der Kommunikation, des neugierigen Forschens. Doch manchmal sind wir so sehr damit beschäftigt, alles zu verstehen, alles zu wissen, alles einzuordnen, dass wir dabei vergessen, einfach zu sein.

Zwischen Wissensdurst und innerer Weisheit – Was nährt dich wirklich?

Es gibt eine feine Balance zwischen Neugier und Kontrolle. Die eine öffnet uns, lässt uns spielerisch entdecken, bringt uns ins Staunen. Die andere versucht, alles vorherzusehen, um sich sicher zu fühlen. Vielleicht hattest du in deinem vergangenen Juni den Wunsch, immer mehr zu lernen, zu verstehen – aber auch das Gefühl, dass dein Kopf übervoll wurde. Vielleicht wolltest du dich austauschen, kommunizieren – oder bis auf die Herausforderung gestoßen, wirklich gehört zu werden.

Vielleicht ist dir das Bedürfnis nach Leichtigkeit begegnet – aber auch die Angst, dass Leichtigkeit nicht „ernsthaft genug" sei.

Manchmal glauben wir, dass wir uns absichern müssen, indem wir möglichst viel Wissen anhäufen, indem wir uns auf alles vorbereiten, indem wir keine offenen Fragen zulassen. Doch echte Weisheit entsteht nicht aus weiterer Anhäufung – sie entsteht aus dem Vertrauen in das, was wir bereits in uns tragen. In dieser Sperrnacht lade ich dich ein zu erforschen:

- Wo hast du dich im vergangenen Jahr von deinem Verstand leiten lassen – und wo hast du deiner Intuition vertraut?
- Gab es Situationen, in denen du dachtest, du müsstest noch mehr wissen, um wirklich sicher zu sein?
- Wann hast du dich von deiner inneren Leichtigkeit tragen lassen – und was ist daraus entstanden?

Neugier als Türöffner für Freiheit

Neugier hingegen ist ein Schlüssel zu echtem Wachstum. Sie ist der Moment, in dem wir eine Frage stellen, ohne die Antwort zu kennen. Sie ist die Haltung, mit der wir uns dem Leben zuwenden – offen, wach, ohne das Bedürfnis, alles sofort zu verstehen. Doch manchmal begrenzen wir unsere eigene Neugier: Weil wir denken, dass wir schon wissen, wie etwas ausgehen wird. Weil wir Angst haben, was passiert, wenn wir unsere Meinung ändern. Oder weil wir uns selbst in festgelegten Mustern halten, anstatt das Leben fließen zu lassen.

Was wäre, wenn du dich in den kommenden Monaten wieder mehr dem Staunen öffnest?

Was wäre, wenn du Dinge nicht mehr bewertest, sondern einfach mit Interesse betrachtest? Vielleicht möchtest du heute Abend bewusst spüren:

- Welche Situationen aus dem vergangenen Jahr haben dich inspiriert, weil du offen geblieben bist?
- Gab es Momente, in denen du dich selbst überrascht hast?
- Wann hast du dich von deiner eigenen Wahrheit leiten lassen, anstatt dich nur an Wissen zu klammern?

Die Einladung dieser Nacht ist es, deinen Geist für neue Möglichkeiten zu öffnen.

Nicht aus dem Bedürfnis, Kontrolle zu haben, sondern aus echtem Interesse am Leben.

KOPF LEEREN, HERZ ÖFFNEN

VI

Finde einen bequemen Stand – die Füße hüftbreit, locker im Kniegelenk, die Arme entspannt neben deinem Körper. Stell dir vor, dein Körper ist wie ein durchlässiger Kanal – offen nach oben, verwurzelt nach unten.

Atme bewusst ein – durch die Nase, bis tief in den Bauch.
Beim Ausatmen lass deinen Kopf sanft nach vorne sinken,
als würdest du eine schwere Last ablegen.
Lass den Nacken lang werden, die Schultern locker.

Atme ruhig weiter. Beginne dann, deinen Oberkörper in kleinen, langsamen Kreisen zu bewegen:

Lass deinen Kopf weich mitkreisen.
Folge deinem Atem – ohne Anstrengung, eher wie ein Blättertanz im Wind.
Die Bewegung darf spielerisch sein – es gibt kein richtig oder falsch.
Spüre, wie dein Geist sich mit jeder Bewegung ein wenig mehr entspannt.
Wie Gedanken, Erwartungen, Bewertungen mit dem Kreisstrom deiner Bewegung weggespült werden.

Nach einigen Runden halte inne.
Richte dich langsam wieder auf – Wirbel für Wirbel – bis du aufrecht stehst, leicht und wach, wie ein Baum, der von der Erde genährt wird und den Himmel berührt.

Lege nun eine Hand auf dein Herz. Atme tief ein und stelle dir vor:
Mein Geist darf ruhen. Mein Herz darf sprechen.
Verweile für einige Atemzüge in dieser Verbindung.

Erinnere dich:
Klarheit im Denken entsteht nicht durch Druck, sondern durch die Bereitschaft, innerlich leer zu werden und Neues empfangen zu können.

REFLEXIONSFRAGEN ZUR SECHSTEN SPERRNACHT

1. Welche Erinnerungen aus deinem vergangenen Juni tauchen jetzt in dir auf?
2. Gab es Momente, in denen du dich neugierig und offen gefühlt hast – oder eher kontrollierend und begrenzend?
3. Wann hast du Wissen über deine eigene innere Weisheit gestellt – und was hat das mit dir gemacht?
4. Wie kannst du in Zukunft mehr Leichtigkeit in dein Leben einladen – ohne Angst, dass sie „nicht ernsthaft genug“ ist?

14. Dezember

7. SPERRNACHT

Rückblick auf den Juli

Fühlen und verbinden

Der Juli ist ein Monat des Fühlens, der Verbundenheit und der inneren Heimat. Die Welt um uns herum ist in voller Lebendigkeit, die Tage sind lang, das Leben zeigt sich in seiner ganzen Weite. Doch genau in dieser Weite kann auch ein tiefes Bedürfnis nach Rückzug entstehen – nach einem Zuhause in uns selbst. Vielleicht erinnerst du dich an deinen vergangenen Juli:

- Gab es Momente, in denen du dich emotional tief verbunden gefühlt hast?
- Hast du dir erlaubt, deine Gefühle bewusst zu spüren, oder hast du sie eher zurückgehalten?
- Warst du in Kontakt mit deiner Intuition, oder hast du dich eher von äußeren Reizen leiten lassen?

Der Juli bringt uns in Kontakt mit unserer inneren Sicherheit, unseren tiefsten Gefühlen und der Frage, wo wir wirklich zu Hause sind. Doch oft fällt es uns schwer, diesen Raum in uns selbst zu finden.

Gefühle als innere Sprache – Lernen, sie zu verstehen

Wir leben in einer Welt, in der Gefühle oft als störend empfunden werden. Wir sollen „funktionieren", wir sollen „rational" sein, wir sollen „uns nicht so anstellen". Doch unsere Gefühle sind nichts, was uns im Weg steht – sie sind eine Sprache. Eine tiefgehende, weise Kommunikation aus unserem Innersten. Vielleicht hast du in deinem vergangenen Juli Gefühle erlebt, die dich plötzlich überwältigt haben, ohne dass du wusstest, woher sie kamen. Vielleicht hattest du den Wunsch, dich emotional zu zeigen – aber auch die Angst, damit verletzlich zu sein. Oder aber das Bedürfnis nach Nähe – verbunden mit der Unsicherheit, wie viel du wirklich zulassen kannst.

Gefühle sind nicht zufällig. Sie entstehen aus unserer inneren Wahrnehmung, aus dem, was wir erlebt haben, aus den Prägungen, die in uns gespeichert sind. Und wenn wir lernen, ihnen zuzuhören, schenken sie uns wertvolle Informationen darüber, was wir wirklich brauchen.

In dieser Sperrnacht lade ich dich ein zu erforschen:

- Wie bist du im vergangenen Jahr mit deinen Gefühlen umgegangen?
- Gab es Momente, in denen du dich gegen sie gewehrt hast – und was wäre passiert, wenn du sie einfach hättest da sein lassen?
- Was bedeuten Gefühle für dich? Sind sie ein Kompass – oder eher etwas, das du kontrollieren willst?

Dein Körper als dein Zuhause – Wo findest du deine innere Sicherheit?

Unsere tiefste Sicherheit liegt nicht im Außen – nicht in festen Strukturen, nicht in anderen Menschen, nicht in materiellen Sicherheiten. Sie liegt in uns selbst. Doch viele von uns haben nie gelernt, dieses Zuhause in sich zu spüren. Vielleicht sind wir es gewohnt, Sicherheit im Außen zu suchen – in Beziehungen, in Bestätigung, in Kontrolle. Vielleicht fällt es uns schwer, in unserem eigenen Körper wirklich anzukommen, weil wir gelernt haben, dass unser Sein nicht immer sicher war.

Aber dein Körper ist dein Zuhause. Deine Seele wohnt darin. Deine Gefühle haben dort ihren Raum. Und in dieser Sperrnacht kannst du dich fragen: Wo in deinem Körper fühlst du dich sicher? Gibt es einen Ort in dir, der sich nach einem Zuhause anfühlt – oder hast du diesen Ort noch nicht gefunden? Wie kannst du deinen Körper mehr als einen Raum der Geborgenheit wahrnehmen?

Manchmal tragen wir die Überzeugung in uns, dass wir uns schützen müssen, dass wir nur sicher sind, wenn wir uns zurückziehen, wenn wir niemandem zu viel zeigen. Doch wahre Sicherheit entsteht nicht aus dem Verstecken – sie entsteht aus einer tiefen inneren Verbindung zu uns selbst. Vielleicht kannst du heute bewusst spüren:

- Wie fühlt es sich an, wenn du dir selbst versicherst, dass du in dir sicher bist?
- Welche Momente in deinem vergangenen Jahr haben dich wirklich mit dir selbst verbunden?
- Wann hast du dich so richtig zu Hause in dir selbst gefühlt?

Diese Sperrnacht lädt dich ein, deinen inneren Raum zu spüren und dein eigenes Zuhause in dir zu finden. Nicht, weil du niemanden brauchst, sondern weil wahre Verbindung erst dann entsteht, wenn wir in uns selbst verwurzelt sind.

DEIN INNERES ZUHAUSE FINDEN

VII

Suche dir einen geschützten Ort, an dem du dich für ein paar Minuten zurückziehen kannst. Vielleicht möchtest du dich auf ein Kissen setzen, dich in eine Decke hüllen oder auf den Boden legen – so, wie es sich für dich nach Geborgenheit anfühlt.

Schließe sanft deine Augen oder lass deinen Blick weich werden. Lege deine Hände auf dein Herz oder auf eine Stelle an deinem Körper, die sich gerade nach Berührung sehnt.

Atme tief in diesen Bereich hinein. Stell dir vor, dein Atem ist wie eine warme Decke, die dich von innen sanft umhüllt. Einatmen – Ankommen. Ausatmen – Loslassen.

Während du atmest, stelle dir folgende Fragen, ohne sie mit dem Verstand beantworten zu wollen:
Wo fühle ich mich in mir selbst sicher?
Wo spüre ich Heimat in meinem Körper?

Lass Bilder, Empfindungen oder einfach ein stilles Gefühl auftauchen. Vielleicht nimmst du einen warmen Raum in deinem Brustkorb wahr, ein wohliges Gefühl in deinem Bauch oder eine angenehme Schwere in deinen Beinen.

Verweile einige Atemzüge in diesem inneren Raum. Wenn dein Geist abschweift, kehre liebevoll mit deiner Aufmerksamkeit zu deinem Körper zurück – dorthin, wo du Sicherheit spüren kannst.

Zum Abschluss lege deine Hände sanft auf deinen unteren Bauch und flüstere innerlich:
„Ich darf hier sein. Ganz bei mir. Angekommen.

Erinnere dich:
Wahre Geborgenheit entsteht nicht im Außen. Sie wächst in dem Moment, in dem du dich selbst willkommen heißt.

REFLEXIONSFRAGEN ZUR SIEBTEN SPERRNACHT

1. Welche Erinnerungen aus deinem vergangenen Juli tauchen jetzt in dir auf?
2. Gab es Momente, in denen du dich emotional tief verbunden gefühlt hast – oder eher abgeschnitten von dir selbst?
3. Wie bist du im vergangenen Jahr mit deinen Gefühlen umgegangen?
4. Was bedeutet es für dich, in dir selbst ein Zuhause zu haben?
5. Wie kannst du in Zukunft bewusst mehr Raum für deine Emotionen schaffen – ohne Angst, dass sie zu viel sein könnten?

15. Dezember

8. SPERRNACHT

Rückblick auf den August

Schöpfertum und Sichtbarkeit

Der August ist ein Monat der Strahlkraft, der Schöpferkraft und der inneren Sichtbarkeit. Die Welt ist in vollem Glanz, die Sonne steht hoch, die Tage sind noch lang – doch es beginnt bereits ein leiser Übergang. Etwas reift in uns, etwas möchte geerntet werden. Vielleicht erinnerst du dich an deinen vergangenen August:

- Gab es Momente, in denen du dein inneres Licht voll leuchten lassen konntest?
- Hast du dich getraut, dich zu zeigen – oder hast du dich eher zurückgenommen?
- Warst du in deiner kreativen Kraft, hast du Visionen in die Tat umgesetzt?

Der August bringt uns in Kontakt mit unserer eigenen Strahlkraft. Doch oft zögern wir, unser Licht wirklich leuchten zu lassen – aus Angst vor Kritik, aus alten Prägungen oder aus Selbstzweifeln.

Sichtbarkeit und Selbstzweifel – Die Angst vor dem eigenen Licht

Wir alle tragen Schöpferkraft in uns. Wir alle sind hier, um zu gestalten, zu kreieren, zu erschaffen. Doch oft hält uns etwas zurück – der innere Zweifel, die Angst davor, nicht gut genug zu sein, die Sorge, was andere über uns denken könnten. Vielleicht hast du in deinem vergangenen August den Wunsch gespürt, dich mit deiner Kreativität zu zeigen – aber auch das Zögern, ob du es wirklich tun sollst. Vielleicht hattest du den Drang, etwas Neues zu beginnen und musstest dich mit der Angst vor Fehlern auseinandersetzen. Oder du hattest das Gefühl, dass du deine Ideen zurückhältst, weil du befürchtest, nicht verstanden zu werden.

Doch Selbstzweifel sind nicht das Problem. Sie sind ein Zeichen, dass etwas in dir nach Ausdruck sucht, dass du an einer Schwelle stehst. Die Frage ist nicht, ob die Zweifel da sind, sondern ob du dich von ihnen zurückhalten lässt. In dieser Sperrnacht lade ich dich ein zu erforschen:

- Wo hast du dich in diesem Jahr kleingemacht, obwohl du wusstest, dass mehr in dir steckt?
- Wann hast du dich aus Angst vor Bewertung zurückgenommen?
- Wie würde dein Leben aussehen, wenn du dich in deiner vollen Strahlkraft zeigen würdest?

Kreativität als Ausdruck deiner Seele

Kreativität ist Schöpferkraft. Sie ist nicht nur Kunst oder Gestaltung – sie ist die Energie, mit der wir unser Leben formen. Sie ist die Fähigkeit, neue Wege zu gehen, Visionen in die Tat umzusetzen, aus dem Herzen heraus zu handeln. Doch oft blockieren wir uns selbst, weil wir glauben, wir müssten erst „bereit“ sein. Weil wir Angst haben zu scheitern. Weil wir denken, dass das, was wir in die Welt bringen wollen, nicht „wichtig genug“ ist.

Doch was wäre, wenn du einfach beginnst? Was wäre, wenn du deiner Kreativität freien Lauf lässt – ohne Angst, dass es perfekt sein muss? Vielleicht kannst du heute bewusst spüren:

- Was bringt dich in den Flow? Wo fühlst du diese kreative Energie?
- Was würdest du tun, wenn du wüsstest, dass du nicht scheitern kannst?
- Wie kannst du deine Kreativität im neuen Jahr bewusster leben, ohne dich selbst auszubremsen?

Diese Sperrnacht lädt dich ein, dich mit deiner inneren Strahlkraft zu verbinden. Nicht, weil du im Außen beeindrucken musst, sondern weil dein Licht in der Welt gebraucht wird.

Ein Lichtstrahl von Herzen

VIII

Finde eine aufrechte, bequeme Haltung im Sitzen oder Stehen.
Spüre den Boden unter deinen Füßen, nimm bewusst wahr,
wie er dich trägt.

Schließe sanft deine Augen oder lass den Blick weich werden.
Atme einige Male ruhig ein und aus, so wie es dir gerade guttut.

Lege nun eine Hand auf dein Herz, die andere auf deinen unteren Bauch.
Nimm den natürlichen Fluss deines Atems wahr – spüre, wie dein Körper sich
bei jedem Einatmen leicht hebt und bei jedem Ausatmen sanft senkt.

Stelle dir beim nächsten Einatmen vor, dass in deinem Herzen ein kleines,
warmes Licht aufleuchtet.
Vielleicht siehst du es als einen goldenen Funken, eine sanfte Flamme oder
einen inneren Sonnenaufgang.

Mit jedem Atemzug darf dieses Licht heller und stärker werden:
Einatmen: Dein Licht wächst – strahlt in deinen Brustraum. Ausatmen: Dein Licht fließt
durch deinen ganzen Körper – bis in deine Fingerspitzen, in deine Fußsohlen.

Spüre, wie dieses Licht nicht aufgesetzt ist, sondern aus deinem Innersten kommt –
aus deinem Sein, aus deiner Wahrheit, aus deiner einzigartigen Kraft.

Lass dein inneres Licht deinen ganzen Körper erfüllen.
Vielleicht möchtest du dir vorstellen, wie es durch deine Haut nach außen strahlt –
leise, kraftvoll, ohne Anstrengung.

Verweile einige Atemzüge in dieser inneren Strahlkraft.
Du musst nichts tun, nichts beweisen.
Dein Licht darf einfach da sein – weil es deine Natur ist.

Zum Abschluss umhülle dich innerlich wie mit einem schützenden, liebevollen Mantel aus Licht.
Sage dir leise oder innerlich: *„Ich erlaube meinem Licht, die Welt zu berühren."*

Erinnere dich:

Dein Strahlen entsteht nicht aus Leistung –
es wächst aus der Erlaubnis, dich selbst zu zeigen, so wie du bist.

REFLEXIONSFRAGEN ZUR ACHTEN SPERRNACHT

1. Welche Erinnerungen aus deinem vergangenen August tauchen jetzt in dir auf?
2. Gab es Momente, in denen du deine kreative Kraft gespürt hast – und welche, in denen du gezögert hast?
3. Was hält dich davon ab, dich wirklich zu zeigen – und wie kannst du diese Blockade liebevoll auflösen?
4. Wie kannst du im neuen Jahr bewusster für deine Visionen losgehen – ohne Angst, nicht „gut genug" zu sein?

16. Dezember

9. SPERRNACHT

Rückblick auf den September

Ordnung und Klarheit

Der September ist ein Monat der Ordnung, der Klarheit und des bewussten Abschließens. Die Erntezeit erreicht ihren Höhepunkt, die Tage werden spürbar kürzer, und die Natur beginnt sich langsam auf den Rückzug vorzubereiten. Es ist die Zeit, in der wir Bilanz ziehen – nicht nur im Außen, sondern auch in unserem Inneren. Vielleicht erinnerst du dich an deinen vergangenen September:

- Gab es Momente, in denen du Ordnung in dein Leben gebracht hast?
- Hast du bewusst entschieden, was du mitnehmen möchtest – und was du loslassen willst?
- Oder hattest du das Gefühl, dich in Details zu verlieren, ohne wirklich voranzukommen?

Der September bringt uns in Kontakt mit der Frage: Was ist wirklich wesentlich? Er fordert uns auf, das Wesentliche vom Unwesentlichen zu unterscheiden, Strukturen zu schaffen und uns innerlich neu auszurichten.

Innere Ordnung als Fundament für Veränderung

Viele von uns sehnen sich nach Klarheit, Struktur und Fokus. Doch Ordnung ist nicht nur etwas Äußeres – sie beginnt in unserem Innersten. Vielleicht hattest du in deinem vergangenen September das Bedürfnis aufzuräumen – nicht nur im Außen, sondern auch innerlich. Vielleicht ist dir das Gefühl begegnet, dass zu viel Perfektionismus dich eher blockiert als voranbringt. Vielleicht hast du den Wunsch verspürt, dich für das Wesentliche zu entscheiden – aber gleichzeitig auch Angst bekommen, etwas Wichtiges zu verlieren.

Manchmal fällt es uns schwer loszulassen, weil wir glauben, dass wir noch „nicht genug getan“ haben. Doch wahre Ordnung entsteht nicht aus Kontrolle, sondern aus Vertrauen. In dieser Sperrnacht lade ich dich ein zu erforschen:

- Wo in deinem vergangenen Jahr hast du Klarheit gefunden – und wo hast du dich verzettelt?
- Welche Strukturen haben dich unterstützt – und welche haben dich eher eingeengt?

- Wie kannst du im neuen Jahr eine Ordnung schaffen, die dich nicht begrenzt, sondern dir Freiheit schenkt?

Perfektionismus loslassen – In die eigene Kraft finden

Wir leben in einer Welt, die oft suggeriert, dass wir erst dann wertvoll sind, wenn wir „perfekt" sind. Doch Perfektion ist eine Illusion. Wirkliche Meisterschaft bedeutet nicht, fehlerfrei zu sein, sondern zu erkennen, dass auch Fehler Teil des Weges sind. Vielleicht hältst du an der Vorstellung fest, dass du mehr tun, besser sein, härter arbeiten musst, um wirklich etwas zu erreichen.

Doch was wäre, wenn du dir erlaubst, gut genug zu sein – genau so, wie du jetzt bist? Was würde sich verändern, wenn du deinen Perfektionismus nicht mehr als Schutz brauchst, sondern als alten Glaubenssatz erkennen darfst? Diese Sperrnacht lädt dich ein, zu erforschen:

- Was gibt dir Halt, ohne dich starr zu machen?
- Welche innere Struktur fühlt sich tragend an – nicht kontrollierend, sondern klar?

Und wie wäre es, wenn du genau daraus deine Entscheidungen triffst: nicht aus Selbstzweifel, sondern aus innerer Ausrichtung.

INNERE KLARHEIT SCHAFFEN

IX

Suche dir einen ruhigen Platz und setze dich bequem hin.
Richte deine Wirbelsäule sanft auf, sodass du dich wach und gleichzeitig entspannt fühlst.

Schließe sanft deine Augen oder senke deinen Blick.
Atme ruhig ein und aus, als würdest du innerlich einen kleinen Raum öffnen.

Stelle dir beim nächsten Einatmen vor, dass du in deinem Inneren einen lichtdurchfluteten Raum betrittst.
Dieser Raum gehört nur dir – er ist weit, klar und offen.
Vielleicht siehst du ihn in deinem Inneren als einen leeren, hellen Saal, eine lichtdurchflutete Wiese oder einen stillen, offenen Himmel.

Mit jedem Atemzug atmest du mehr Weite in diesen Raum hinein:
Einatmen: Weite entsteht. Ausatmen: Altes, Überflüssiges darf leise aus dir hinausströmen.

Wenn Gedanken auftauchen, stell sie dir vor wie kleine Blätter, die sanft aus dem offenen Raum hinausgetragen werden – ohne Druck, ohne Widerstand.

Spüre:
Dieser innere Raum muss nicht gefüllt werden.
Klarheit entsteht nicht, weil du mehr tust, sondern weil du bereit bist, Überflüssiges gehen zu lassen.

Verweile einige Atemzüge in dieser Weite.
Atme die Leere als etwas Heilsames ein – als etwas, das Platz schafft für das Wesentliche.

Zum Abschluss lege beide Hände auf deinen unteren Bauch.
Spüre die Erdung unter dir und sage dir leise oder innerlich:
„Ich erlaube mir, leicht zu sein. Raum zu haben. Klar zu sehen."

Erinnere dich:
Wahre Ordnung entsteht nicht durch Anstrengung,
sondern durch die stille Entscheidung, Platz für dein Wesentliches zu schaffen.

REFLEXIONSFRAGEN ZUR NEUNTEN SPERRNACHT

1. Welche Erinnerungen aus deinem vergangenen September tauchen jetzt in dir auf?
2. Gab es Momente, in denen du Ordnung geschaffen hast und welche, in denen du dich im Perfektionismus verloren hast?
3. Welche Strukturen in deinem Leben sind unterstützend und welche engen dich ein?
4. Wie kannst du eine innere Ordnung schaffen, die dir kein Druck macht?
5. Was kannst du heute bewusst loslassen, um Platz für Neues zu schaffen?

17. Dezember

10. SPERRNACHT

Rückblick auf den Oktober

Harmonie in Beziehungen finden

Der Oktober ist ein Monat des Gleichgewichts, der inneren Beziehung und der Begegnung mit den Menschen im Außen. Die Natur zeigt uns den Wechsel – die Farben des Herbstes leuchten auf, während sich das Leben langsam nach innen zurückzieht. Vielleicht erinnerst du dich an deinen vergangenen Oktober:

- Gab es Momente, in denen du Balance und Harmonie gespürt hast – oder eher ein inneres Ungleichgewicht?
- Hast du dich in deinen Beziehungen bewusst wahrgenommen – oder hast du dich eher nach außen orientiert?
- Warst du in Kontakt mit deiner inneren Wahrheit, auch wenn sie vielleicht unbequem war?

Der Oktober bringt uns in Kontakt mit der Frage: Wie gehe ich mit meinen inneren und äußeren Konflikten um? Denn wahre Harmonie entsteht nicht durch Vermeidung, sondern durch ehrliches Hinschauen.

Innere Balance – Die Kraft, auch dem Unbequemen Raum zu geben

Viele Menschen sehnen sich nach Frieden und Ausgeglichenheit. Doch oft wird Harmonie mit dem Unterdrücken von Konflikten verwechselt. Wahre Balance entsteht nicht dadurch, dass wir Probleme vermeiden, sondern dadurch, dass wir lernen, sie anzunehmen. Vielleicht hattest du in deinem vergangenen Jahr den Wunsch, Harmonie zu bewahren – auch wenn es dich Kraft gekostet hat. Womöglich hast du das Bedürfnis verspürt, es anderen recht zu machen – aber dabei deine eigenen Bedürfnisse übersehen. Vielleicht hast du eine innere Spannung erlebt, zwischen dem, was du wirklich willst, und dem, was du glaubst, tun zu müssen.

Manchmal sind es gerade die inneren Konflikte, die uns zu Wachstum einladen. Jeder Widerstand, jede Unsicherheit, jedes Hin- und Hergerissen-Sein ist ein Zeichen, dass etwas in uns nach Veränderung ruft.

Konflikte als Wegweiser – Frieden durch Ehrlichkeit

Konflikte sind nicht das Problem – die Art, wie wir mit ihnen umgehen, macht den Unterschied. Vielleicht hast du gelernt, dass Streit oder Unruhe „schlecht" sind, dass man immer „diplomatisch" sein sollte, dass Harmonie wichtiger ist als deine eigenen Bedürfnisse. Doch wahre Beziehung – zu dir selbst und zu anderen – entsteht nicht durch oberflächliche Harmonie, sondern durch Authentizität. Was wäre, wenn du deine innere Wahrheit nicht länger zurückhältst, um es anderen recht zu machen? Welche Beziehungen in deinem Leben fühlen sich ausgeglichen an – und wo gibst du vielleicht mehr, als du bekommst? Wie kannst du lernen, in dir selbst eine Balance zu finden, ohne dich verbiegen zu müssen? Vielleicht kannst du heute bewusst spüren:

- Wie fühlt sich dein Körper an, wenn du dir erlaubst, einfach nur du selbst zu sein?
- Welche inneren Konflikte begleiten dich – und wie kannst du ihnen mit Wertschätzung begegnen?
- Was bedeutet es für dich, Harmonie nicht als Ziel, sondern als einen lebendigen Prozess zu betrachten?

Diese Sperrnacht lädt dich ein, deine innere Balance nicht im Außen zu suchen, sondern in dir selbst zu erschaffen. Nicht durch Kontrolle, nicht durch das Vermeiden von Unruhe, sondern durch die bewusste Annahme deiner eigenen Wahrheit.

In dir selbst Balance finden

X

Setze oder stelle dich aufrecht hin, sodass dein
Körper eine natürliche Mitte finden kann.
Spüre die Füße auf dem Boden und die Aufrichtung der Wirbelsäule.
Dein Körper darf sich stabil und gleichzeitig weich anfühlen.

Schließe sanft deine Augen oder lass den Blick weich werden.
Atme ein paar Mal tief ein und aus.

Stelle dir beim nächsten Einatmen vor, dass du eine Linie durch deinen Körper wahrnimmst:
Vom höchsten Punkt deines Kopfes über dein Herz bis hinunter zu deinem Beckenboden.
Diese Linie symbolisiert deine innere Mitte – deinen stillen Anker.

Während du atmest, beginne, deinen Oberkörper minimal nach vorne und hinten zu bewegen:
Einatmen: ein kleines, weiches Vorbeugen. Ausatmen: ein sanftes Zurückschwingen.

Spüre, wie dein Körper intuitiv die Mitte zwischen diesen beiden Bewegungen findet.
Nicht zu weit nach vorne, nicht zu weit zurück – einfach balanciert, wach und weich.

Wenn du möchtest, erweitere diese Bewegung zu einer ganz kleinen
Pendelbewegung nach rechts und links. Spüre:
Wo fühlst du dich stabil?
Wo beginnt dein Körper automatisch, sich auszubalancieren?

Nimm bewusst wahr:
Balance ist kein starres Stehen.
Es ist ein lebendiges, feines Nachspüren – ein fortwährender Dialog mit deinem Inneren.

Zum Abschluss bringe deine Hände sanft auf dein Herz oder deinen Bauch
und sage dir leise oder innerlich:
„Ich finde meine Balance in mir – nicht im Außen."

Verweile noch einen Moment in diesem feinen Empfinden von lebendiger Harmonie.

Erinnere dich:

Wahre Beziehungen – zu dir selbst und zu anderen – entstehen aus
der Balance zwischen Nähe und Eigenständigkeit.

REFLEXIONSFRAGEN ZUR ZEHNTEN SPERRNACHT

1. Welche Erinnerungen aus deinem vergangenen Oktober tauchen jetzt in dir auf?
2. Wo versuchst du Harmonie zu wahren, statt den Konflikt zu lösen?
3. Wann hast du deine eigene Wahrheit ausgesprochen – und wann hast du dich zurückgenommen?
4. Wie kannst du innere Konflikte als Wegweiser nutzen, anstatt sie als Hindernis zu sehen?
5. Was bedeutet es für dich, eine tiefe, authentische Beziehung mit dir selbst zu führen?

18. Dezember

11. Sperrnacht

Rückblick auf den November

Transformation

Der November ist ein Monat des Tiefgangs, der Transformation und des Loslassens. Die Natur zieht sich endgültig zurück, Nebel hüllt die Welt in Stille, und wir spüren die Energie des Wandels besonders intensiv. Es ist die Zeit, in der wir erkennen: Wirkliche Veränderung beginnt in der Tiefe. Vielleicht erinnerst du dich an deinen vergangenen November:

- Gab es Momente, in denen du tief in dich hineingespürt hast – vielleicht mehr als sonst?
- Hast du bewusst etwas losgelassen, das nicht mehr zu dir passte?
- Warst du in Kontakt mit deinen Schattenseiten – mit den Anteilen in dir, die du sonst vielleicht vermeidest?

Der November bringt uns in Kontakt mit der Frage: Was darf sterben, damit Neues geboren werden kann? Denn jeder Wandel, jede tiefgehende Veränderung beginnt mit der Fähigkeit, das Alte loszulassen.

Transformation – Der Mut, in die Tiefe zu gehen

Viele von uns sehnen sich nach Veränderung. Doch oft wünschen wir uns, dass sie geschieht, ohne dass wir uns mit dem auseinandersetzen müssen, was in uns aufgewühlt wird. Vielleicht hast du in deinem vergangenen November das Bedürfnis gespürt, wirklich etwas zu verändern – aber auch die Angst vor dem Unbekannten. Vielleicht ist dir das Gefühl begegnet, dass sich tief in dir etwas bewegt, aber du nicht genau greifen kannst, was es ist. Vielleicht hat sich die Erkenntnis gezeigt, dass Loslassen nicht einfach bedeutet, etwas zu vergessen, sondern es bewusst zu würdigen, bevor es gehen kann.

Veränderung ist kein oberflächlicher Prozess. Sie geschieht nicht dadurch, dass wir uns vornehmen, „ab morgen alles anders zu machen“. Transformation ist ein tiefgehender Vorgang, bei dem wir durch die Dunkelheit hindurchgehen müssen, um das Licht auf der anderen Seite zu finden. In dieser Sperrnacht lade ich dich ein zu erforschen:

- Welche Themen haben dich in deinem vergangenen Jahr tief bewegt – vielleicht sogar herausgefordert?
- Wo hast du dich weiterentwickelt, ohne es vielleicht sofort zu bemerken?
- Was darf nun bewusst sterben, um Platz für Neues zu machen?

Der Kokon der Veränderung – dich neu gebären

Transformation ist ein Prozess, der Zeit braucht. So wie eine Raupe sich in ihrem Kokon vollständig auflöst, bevor sie zum Schmetterling wird, so durchlaufen auch wir Phasen, in denen sich unser altes Selbst auflöst. Doch oft haben wir Angst vor diesem Loslassen, weil wir nicht wissen, was danach kommt. Weil wir befürchten, dass Veränderung Schmerz bedeutet. Und weil uns das Vertraute trotz allem Sicherheit gibt. Doch was wäre, wenn du deiner eigenen Metamorphose vertrauen könntest? Was wäre, wenn du wüsstest, dass alles, was gehen darf, den Raum für etwas viel Größeres schafft? Vielleicht kannst du heute bewusst spüren:

- Was in dir ist bereit, sich zu wandeln?
- Welche Anteile in dir möchten sich neu formen?
- Wie fühlt sich dein Körper an, wenn du dir erlaubst, diesen Prozess geschehen zu lassen?

Diese Sperrnacht lädt dich ein, den tiefsten Punkt der Wandlung anzunehmen.

Nicht mit Angst, sondern mit der Gewissheit, dass jede Transformation ein Geschenk ist.

IM INNEREN KOKON VERWEILEN

XI

Suche dir einen geschützten Ort, an dem du dich einkuscheln kannst – vielleicht auf deinem Meditationskissen, auf einer Decke oder eingehüllt in etwas Warmes.

Schließe sanft deine Augen oder lass den Blick weich werden. Atme ein paar Mal tief ein und aus.

Stelle dir dann vor: Dein Körper ist umhüllt von einem feinen, schützenden Kokon. Ein Raum nur für dich – weich, still, warm. Ein Raum zwischen dem Alten, das gegangen ist, und dem Neuen, das noch heranwächst.

Du musst nichts tun. Du musst nichts wissen.
Du darfst einfach sein – in diesem kostbaren Zwischenraum.

Spüre den Halt, den dieser Kokon dir gibt:

Er schützt dich, während du Altes loslässt. Er hält dich, während du dich neu formst.
Er erinnert dich daran, dass Wandlung Zeit braucht.
Atme tief in deinen Bauch ein.
Beim Ausatmen stelle dir vor, wie du noch ein wenig tiefer in diesen schützenden Raum sinkst.
Wie du dich selbst in deiner verletzlichen, ehrlichen Zwischenphase liebevoll halten darfst.

Spüre: Was fühlst du in diesem Raum zwischen Abschied und Neubeginn?
Welche Empfindung taucht in deinem Körper auf – vielleicht Leere, Weite, Wehmut oder stille Vorfreude?
Lass alles da sein. Nichts muss anders sein als es gerade ist.

Zum Abschluss lege deine Hände auf dein Herz oder deinen Unterbauch.
Flüstere dir innerlich zu: *„Ich ehre meinen Wandel. Ich vertraue auf das Leben, das neu in mir entsteht."*

Verweile noch einige Atemzüge in deinem Kokon, bevor du sanft die Augen wieder öffnest.

Erinnere dich:

Wahre Transformation geschieht im Verborgenen –
in jenem stillen Raum, wo du nichts tun musst, außer zu sein.

REFLEXIONSFRAGEN ZUR ELFTEN SPERRNACHT

1. Welche Erinnerungen aus deinem vergangenen November tauchen jetzt in dir auf?
2. Gab es Momente, in denen du spüren konntest, dass du nicht mehr dieselbe Person bist wie vor einem Jahr?
3. Welche Ängste oder Widerstände halten dich davon ab, dich zu wandeln?
4. Wie kannst du dich liebevoll durch diesen Veränderungsprozess begleiten, anstatt dagegen anzukämpfen?
5. Was möchtest du in den Rauhnächten bewusst als neuen Samen setzen?

19. Dezember

12. SPERRNACHT

Rückblick auf den Dezember

Abschluss

Der letzte Monat des Jahres trägt eine ganz einzigartige Energie. Er ist ein Übergang, eine Schwelle, ein Moment der Reflexion – und zugleich ein Neubeginn. Vielleicht spürst du heute, dass mit dieser zwölften Sperrnacht auch ein wichtiger innerer Zyklus für dich zu Ende geht.

- Was hat dich im Dezember bewegt?
- Welche Emotionen begleiten dich, wenn du auf das vergangene Jahr zurückschaust?
- Fühlst du eine Vorfreude auf das Neue – oder eher eine leise Wehmut, weil etwas zu Ende geht?

Die letzte Sperrnacht lädt dich ein, ganz bewusst diesen Übergang zu spüren. Wie fühlt sich Abschied für dich an? Spürst du ihn als sanften Windhauch, als melancholische Schwere oder als freudige Erwartung? Heute schließt sich ein Kreis. Und vielleicht bemerkst du, dass sich dein Blick auf das Jahr gewandelt hat – dass du in den letzten zwölf Nächten nicht nur Erinnerungen integriert, sondern dich selbst in einer tieferen Weise verstanden hast.

Übergänge bewusst erleben – Die Kraft der Schwelle

Übergänge sind in unserer modernen Welt oft unsichtbar. Wir springen von einem Moment in den nächsten, ohne dem Raum zwischen den Dingen Beachtung zu schenken. Doch echte Transformation geschieht nicht im Tun, sondern im Dazwischen – in der Pause zwischen Ein- und Ausatmen, in der Stille zwischen den Jahren, in der Sekunde, bevor eine neue Tür aufgeht. Wie bewusst erlebst du Übergänge in deinem Leben? Gönnst du dir Zeit, etwas wirklich abzuschließen, bevor du weitergehst? Erlaubst du dir innezuhalten – oder wirst du von der Hektik des Alltags weitergetrieben? Wie fühlst du dich in Momenten, in denen das Alte bereits verblasst ist, aber das Neue noch nicht ganz greifbar ist?

Die Wintersonnenwende – der tiefste Punkt im Jahreskreis – ist genau solch ein Moment. Ein Nullpunkt. Ein Raum zwischen zwei Atemzügen. Und genau hier stehen wir nun: an der Schwelle zwischen Integration (den Sperrnächten) und Manifestation (den Rauhnächten).

Die Weisheit in dir – Dein innerer Kompass für das neue Jahr

Die Energie des Dezembers ist stark mit der Energie des Wachsens, des Lernens, des Suchens nach Sinn und Wahrheit verbunden. Vielleicht hast du dich in deinem letzten Dezember gefragt, was deine innere Wahrheit ist oder welche Weisheit du aus diesem Jahr mitgenommen hast. Womöglich hast du dich gefragt, welchen Weg du gehen möchtest – nicht nur mit dem Verstand, sondern aus einer tiefen, inneren Überzeugung heraus.

Wir alle sind Reisende auf dem Weg unserer eigenen Evolution. Und Weisheit bedeutet nicht, alles zu wissen, sondern zu lernen, dem eigenen inneren Kompass zu vertrauen. Vielleicht hast du in den letzten Nächten gespürt, dass du alles, was du brauchst, bereits in dir trägst. Die Frage ist nicht: „Was soll ich tun?“ Sondern: „Bin ich bereit, meiner Weisheit zu folgen?“

Der Abschluss des Jahres – Die Geburt des Neuen

Die Sperrnächte haben dir gezeigt, dass wahre Veränderung aus der Integration entsteht. Jede Reflexion, die du in den letzten zwölf Nächten gemacht hast, hat den Boden bereitet. Jedes Loslassen hat Platz geschaffen für das Neue. Jede bewusste Entscheidung hat dein Fundament gestärkt. Doch Veränderung geschieht nicht von allein. Morgen beginnt eine neue Phase, bevor wir in die zwölf Rauhnächte eintauchen: Die Zeit zwischen dem Aus- und dem Einatmen. Die Zeit der Wintersonnenwende. Hier setzt du nicht nur Visionen, sondern klare Ursachen für neue Wirkungen.

Das ist der Schlüssel der Manifestation: Wenn du nicht bewusst eine neue Richtung setzt, wird das Alte einfach weiterlaufen. Jetzt ist der perfekte Moment, um innezuhalten. Jetzt ist die Gelegenheit, deine eigene Schöpferkraft zu spüren. Jetzt ist die Schwelle, an der du entscheiden kannst, wie du dein neues Jahr betreten willst.

DEN STILLEN NULLPUNKT SPÜREN

XII

Setze dich bequem und aufrecht hin – oder lege dich entspannt auf den Rücken, sodass du deinen Atem frei fließen lassen kannst. Schließe sanft deine Augen oder lass den Blick weich werden.

Atme einige Male ruhig ein und aus, ohne etwas zu verändern – einfach nur wahrnehmend.
Spüre, wie dein Körper sich beim Einatmen hebt und wie er sich beim Ausatmen senkt.

Und nun lade ich dich ein, besonders achtsam auf die Übergänge zu lauschen:
Den Moment nach dem Ausatmen, bevor der nächste Einatemimpuls kommt.
Oder den Moment nach dem Einatmen, bevor die Ausatmung sich entfaltet.

Bleibe mit deiner Aufmerksamkeit in diesem winzigen, kostbaren Zwischenraum:
Dem Nullpunkt. Dem Ort des völligen Stillstands.
Dem Moment, in dem nichts getan werden muss – nichts gehalten, nichts vorangetrieben.

Spüre:
Hier, in dieser Atempause, existiert weder Vergangenheit noch Zukunft.
Nur reines Sein. Nur ein leiser Hauch von Ewigkeit.

Lass dich mit jedem Atemzug tiefer in diesen Nullpunkt sinken.
Vielleicht ist er nur ein Herzschlag lang – vielleicht ein wenig länger.
Du musst ihn nicht festhalten. Nur berühren. Nur spüren.

In diesem Zwischenraum – genau hier – entsteht das Neue.
Nicht aus Anstrengung, sondern aus reiner Bereitschaft, dem Leben Raum zu geben.

Zum Abschluss lege sanft deine Hände auf dein Herz oder auf deinen Bauch.
Sage dir leise oder innerlich:
„Ich erlaube dem Neuen, in mir geboren zu werden."

Verweile noch einige Atemzüge in dieser Weite, bevor du die Augen wieder öffnest.

Erinnere dich:
Zwischen dem Ende und dem Anfang liegt der heiligste Moment:
Die Stille, die alles enthält.

REFLEXIONSFRAGEN ZUR ZWÖLFTEN SPERRNACHT

1. Wie fühlt sich dieser Moment des Übergangs für dich an?
2. Was möchtest du mitnehmen aus diesem Jahr – und was darf zurückbleiben?
3. Welche Weisheit aus den letzten zwölf Nächten begleitet dich ins neue Jahr?
4. Wie kannst du die Kunst der Übergänge bewusster in dein Leben integrieren?
5. Bist du bereit, aus der Integration in die Manifestation zu gehen – aus der Reflexion ins Tun?

WINTERSONNENWENDE – EIN NEUES JAHR WIRD GEBOREN

Die Wintersonnenwende ist der tiefste Punkt des Jahreskreises – und zugleich der Moment, in dem sich alles wendet. Nach den Sperrnächten, die das Alte in uns integrieren, steht dieser eine, magische Wendepunkt: die Wiedergeburt des Lichts. Die längste Nacht des Jahres ist zugleich der Beginn eines neuen Zyklus, die Geburt eines neuen Jahres.

In den uralten Traditionen wurde dieser Moment als heilig verehrt. Unsere Ahnen entzündeten Feuer, sangen Lieder und sprachen Segensworte für das, was nun neu entstehen durfte. Es war nicht einfach nur ein Datum im Kalender, sondern ein tiefes Wissen, das sie in ihren Körpern spürten: Die Erde hält den Atem an. Alles wird still. Und dann, in dieser Stille, geschieht das Wunder.

Und genau hier stehen wir jetzt – an der Schwelle. Noch ist das Neue nicht sichtbar. Noch liegt es verborgen in der Dunkelheit, genau wie ein Samenkorn tief in der Erde liegt, lange bevor es sichtbar zu keimen beginnt. Die Wintersonnenwende ist nicht der Moment des Handelns, sondern der Moment des reinen Seins.

Bevor wir in die Rauhnächte eintreten, bevor wir das Neue träumen, braucht es diesen einen tiefen Atemzug. Das Alte hat sich gesetzt, das Neue ist noch nicht geformt. Und genau da, in diesem heiligen Dazwischen, liegt die Kraft dieser Tage.

Zeit des Stillstands

Die Tage rund um die Wintersonnenwende sind eine Einladung, wirklich in die Stille einzutreten. Nicht die äußere Stille, sondern die innere. Es ist ein Moment, in dem sich alles sammelt. Die Dunkelheit erreicht ihren tiefsten Punkt – doch die Tage bleiben noch für zwei weitere Tage fast genauso kurz, bevor das Licht langsam beginnt, spürbar zurückzukehren.

Es ist eine Zeit des Nicht-Tuns. Eine Zeit, in der nichts gefordert wird. In der das Leben selbst für einen Moment innehält. Diese zwei Tage vor und nach der Wintersonnenwende sind der Atem der Erde.

Vielleicht spürst du es in dir – diese Sehnsucht nach Rückzug, nach Tiefe, nach diesem Eintauchen in etwas, das größer ist als unser Verstand. Die Stille spricht, wenn wir bereit sind, ihr zuzuhören.

Doch Stille ist nicht immer angenehm. In ihr tauchen oft Fragen auf, für die wir im Lärm des Alltags keine Zeit haben. Unverarbeitete Emotionen zeigen sich, ungelebte Träume flüstern leise – und manchmal ist es genau das, was uns unruhig macht.

Deshalb lade ich dich ein, dich dieser Stille mit offenem Herzen zuzuwenden. Sie nicht zu füllen, sondern ihr Raum zu geben.

REFLEXIONSFRAGEN ZUR STILLE

1. Wann hast du dich das letzte Mal wirklich in die Stille begeben – ohne Ablenkung, ohne Erwartungen?
2. Wie fühlt sich Stille in deinem Körper an? Angenehm? Unruhig? Leer? Voll?
3. Was taucht in der Stille auf, wenn du dich ihr wirklich hingibst?
4. Gibt es eine Botschaft in der Stille, die du sonst überhörst?
5. Was würde geschehen, wenn du für einen Moment einfach nichts tust – nichts erwartest – nichts veränderst?

Die Stille trägt alles in sich. Sie ist nicht leer, sie ist voller Möglichkeiten.

Zeit der Dunkelheit – Warum es so wichtig ist, unsere Schatten anzuerkennen

Die Wintersonnenwende erinnert uns daran, dass die Dunkelheit kein Feind ist, sondern ein Teil von uns. Sie ist der Nährboden, aus dem alles Neue wächst. In ihr ruht das Ungeborene, das Unentdeckte, das Verborgene.

Wir leben in einer Welt, die oft das Licht glorifiziert – Wachstum, Leistung, das Sichtbare. Doch die Wintersonnenwende lehrt uns: Ohne die Dunkelheit gibt es kein Licht. Ohne Nacht keinen Tag. Ohne das Unbewusste kein Bewusstsein.

Die dunklen Tage sind eine Einladung, unsere eigenen Schatten zu betrachten – nicht als etwas, das wir loswerden müssen, sondern als Teil unserer Ganzheit. Was war in diesem Jahr für dich dunkel? Welche Erfahrungen, welche Gefühle, welche Seiten in dir hast du vielleicht vermieden?

REFLEXIONSFRAGEN ZUR DUNKELHEIT

1. Welche Teile von dir selbst hast du in diesem Jahr vielleicht nicht voll anerkannt?
2. Gibt es etwas, das du gerne loswerden würdest, das aber vielleicht noch eine Botschaft für dich trägt?
3. Wie kannst du deine Schatten nicht als etwas Bedrohliches, sondern als Teil deiner Ganzheit sehen?
4. Was wäre, wenn du die Dunkelheit in dir genauso ehren würdest wie das Licht?

In dieser tiefsten Nacht des Jahres dürfen wir diese Anteile in uns ehren. Nicht als Hindernis, sondern als Geschenk. Denn erst wenn wir uns selbst in unserer ganzen Tiefe begegnen, können wir wahrhaftig Neues erschaffen. Die Rauhnächte werden uns in die große Transformation führen. Doch bevor wir die Samen für das neue Jahr setzen, braucht es diesen Moment: den Mut, die Dunkelheit anzuerkennen und ihre Weisheit zu empfangen.

Mit dieser stillen Tiefe treten wir in die magischen Nächte ein. Die Rauhnächte beginnen bald – und mit ihnen die Reise in das Neue. Doch bevor wir eintauchen, bevor wir die Türen zu diesen heiligen Nächten öffnen, dürfen wir für einen Moment innehalten. Lauschen. Und das Wunder der Wintersonnenwende in uns wirken lassen.

Die Sperrnächte begleiten dich vom 8. bis zum 19. Dezember – zwölf Nächte, in denen du Monat für Monat auf das vergangene Jahr zurückblickst und innere Klarheit gewinnst.

Danach beginnt ein stiller Übergangsraum. Die Tage zwischen dem 20. und dem 23. Dezember laden dich ein, das, was du in den Sperrnächten erinnert und integriert hast, sacken zu lassen. Nichts mehr tun, nichts mehr aufarbeiten – einfach sein. Am 21. Dezember erreicht das Jahr seinen dunkelsten Punkt: die Wintersonnenwende. Ein kraftvoller Moment, der dich einlädt, innerlich still zu werden – nicht im Rückzug, sondern in bewusster Präsenz. Mit der Wintersonnenwende endet der Zyklus des alten Jahres. Die dunkelste Nacht ist überstanden, und doch bleibt das Licht noch zaghaft.

Es ist kein Zufall, dass die Rauhnächte nicht sofort nach den Sperrnächten beginnen. Diese Tage dazwischen sind wichtig: Sie geben dir Raum, das Alte wirklich zu verabschieden, bevor du dich dem Neuen zuwendest.

Erst am 24. Dezember öffnen sich dann die Tore zu den Rauhnächten – und mit ihnen beginnt deine Reise in das, was kommen will. Die kommenden zwölf Nächte sind eine Zeit außerhalb der Zeit. Ein heiliger Raum, in dem sich das, was war, und das, was sein will, sanft verweben. Hier verschmelzen Vergangenheit, Gegenwart und Zukunft.

DIE MAGIE DER RAUHNÄCHTE

Die Rauhnächte sind nicht nur eine alte Tradition, sie sind ein lebendiger Prozess. Jede Nacht steht symbolisch für einen Monat des kommenden Jahres – und zugleich für einen Aspekt unseres inneren Seins. Während die Sperrnächte uns in die Integration geführt haben, führen uns die Rauhnächte in die große Transformation. In diesen Nächten setzen wir Samen. Doch nicht mit Druck, nicht mit der Erwartung, alles sofort zu wissen, sondern aus einer tiefen, feinen Verbindung mit uns selbst heraus. Es ist eine Zeit, in der die Welt stiller wird. Vielleicht hast du es schon bemerkt: Die Grenzen sind durchlässiger. Die Grenze zwischen Tag und Nacht. Zwischen Bewusstem und Unbewusstem. Zwischen dem Sichtbaren und dem, was in dir wirkt. Träume werden klarer, Zeichen berühren tiefer, die Intuition wird lauter. Die Schleier zwischen den Welten sind dünner – und dein inneres Wissen rückt näher an die Oberfläche. Die Weisheit in dir spricht – und in diesen Nächten schenken wir ihr unsere volle Aufmerksamkeit.

Diese Rauhnächte sind eine Einladung, deine Visionen nicht nur mit dem Kopf zu erfassen, sondern mit deinem ganzen Sein zu spüren. Deshalb verweben wir diesen Prozess mit deinem Körper. Jede Rauhnacht schenkt dir eine innere Tür – zu einem neuen Thema, zu einer neuen Facette deines Lebens. Und jede Nacht gibt dir eine Körperübung oder ein Ritual an die Hand, um diese Tür sanft zu öffnen. Die Magie der Rauhnächte liegt nicht darin, große Antworten zu erzwingen, sondern dich dem Prozess anzuvertrauen.

Wie du durch die Rauhnächte gehst

- Jeden Abend öffnest du eine neue Tür. Du tauchst in das Thema der Nacht ein und reflektierst das, was sich dir zeigt.
- Jede Rauhnacht steht für einen Monat des neuen Jahres. Was du heute in dir bewegst, kann sich in den kommenden Monaten entfalten.
- Das, was sich in diesen Nächten zeigt, ist wertvoll. Deine Träume, deine Gedanken, deine Gefühle – sie sind Wegweiser.
- Dein Körper ist Teil dieses Prozesses. Sanfte Übungen und Rituale helfen dir, nicht nur mit dem Kopf zu erkennen, sondern auch mit deinem Nervensystem zu integrieren.

Diese Rauhnächte sind mehr als ein Ritual – sie sind eine bewusste Entscheidung für dich. Eine Entscheidung, das neue Jahr mit Klarheit, innerer Verbundenheit und feiner Ausrichtung zu betreten. Bist du bereit? Dann lass uns gemeinsam eintauchen – in das, was jetzt geboren werden will.

RAUHNÄCHTE

25. DEZEMBER BIS 6. JANUAR

HEILIGE SCHWELLE INS NEUE

24. Dezember

1. RAUHNACHT

Januar des neuen Jahres

Was brauche ich, um mich sicher zu fühlen? (Wurzelchakra)

Wurzeln · Basis · Sicherheit · innere Autorität · Rückzug

Ich übernehme Verantwortung für mein Leben und meine Ziele. Ich sorge für ein sicheres Fundament.

Die erste Rauhnacht trägt eine besondere Energie in sich. Sie ist der Beginn eines neuen Zyklus, der Übergang aus der Integration des Alten hin zur bewussten Neuausrichtung. Doch bevor wir nach vorne blicken, bevor wir Träume manifestieren und Visionen entfalten, braucht es einen stabilen Boden, auf dem Neues wachsen kann.

Sicherheit ist die Basis jeder Veränderung. Ohne ein Gefühl von innerer Stabilität bleibt jeder Schritt in die Zukunft wackelig, unsicher, getrieben von Ängsten oder Zweifeln. Wenn unser Fundament nicht stark ist, entstehen Entscheidungen aus einem Mangelbewusstsein heraus – aus der Angst heraus, nicht genug zu sein, aus dem Bedürfnis, sich über Leistung oder äußere Bestätigung Sicherheit zu erkaufen. Doch wahre Sicherheit entsteht nicht im Außen. Sie ist eine innere Kraft, die aus unserer Verbindung zu uns selbst wächst.

In dieser ersten Rauhnacht geht es darum, dieses Fundament in dir zu erspüren. Wie ein Same, der nur dann keimt, wenn die Erde ihn wirklich hält, braucht auch deine innere Entwicklung ein nährendes Fundament. Ohne diese Tiefe verpufft jede Idee wie Staub im Wind – doch wenn du dich verwurzelst, wächst aus dir etwas Echtes. Welche Wurzeln nähren dich?

Welche Werte geben dir Halt? Wo in deinem Leben spürst du Stabilität – und wo fehlt sie dir noch? Die Energie dieser Nacht lädt dich ein, deinen Blick nach innen zu richten und zu erforschen, was du brauchst, um dich sicher zu fühlen.

Die Kraft der Wurzeln: Deine Basis für das neue Jahr

Jeder Baum wächst nur so hoch, wie tief seine Wurzeln in der Erde verankert sind. Er kann den Stürmen trotzen, weil er mit der Erde verwoben ist, weil er genährt wird von den tieferen Schichten, die ihn halten. Genau diese Qualität brauchen wir in unserem Leben – das Vertrauen, dass wir gehalten sind.

Doch oft haben wir dieses Vertrauen verloren. Vielleicht, weil wir früh gelernt haben, dass Sicherheit etwas ist, das im Außen liegt – in Strukturen, in Menschen, in Erfolgen. Vielleicht, weil wir uns selbst nie als sicheren Ort erlebt haben. Heute ist der Moment, diese Wurzeln in dir neu zu entdecken. Frage dich:

- Wo in meinem Leben fühle ich mich wirklich sicher?
- Was gibt mir Halt, wenn äußere Umstände sich verändern?
- Welche Menschen, Orte oder Rituale nähren meine innere Stabilität?
- Was brauche ich, um mich selbst als sicheren Ort zu erleben?

Die Beantwortung dieser Fragen ist keine schnelle Lösung, sondern ein tiefgreifender Prozess. Es kann sein, dass Unsicherheiten auftauchen, dass du spürst, wo dein Boden brüchig ist. Doch genau das ist die Einladung dieser Rauhnacht: nicht wegzusehen, sondern bewusst hinzuspüren.

Innere Autorität finden – die Verantwortung für dein Leben übernehmen

Sicherheit ist nicht nur ein Zustand, sondern eine Haltung. Sie entsteht dort, wo wir Verantwortung übernehmen – für unser Denken, Fühlen und Handeln. Oft geben wir unsere Kraft unbewusst ab: an äußere Umstände, an Menschen, an Prägungen aus der Vergangenheit. Doch wahre innere Autorität bedeutet, sich selbst als Schöpfer des eigenen Lebens zu erkennen. Diese Nacht erinnert dich daran, dass du nicht warten musst, bis äußere Sicherheit dich trägt. Du darfst dich selbst zu deinem sicheren Fundament machen.

- Welche Entscheidungen kannst du heute treffen, um deine innere Stabilität zu stärken?
- Wo hast du deine Verantwortung bisher abgegeben – und wie kannst du sie zurückholen?
- Wie fühlt es sich an, die Autorität über dein Leben bewusst anzunehmen?

Die erste Rauhnacht ist ein Moment des Innehaltens. Ein Moment, in dem du bewusst die Erde unter deinen Füßen spüren darfst, in dem du dich daran erinnerst, dass du sicher bist – nicht weil das Außen perfekt ist, sondern weil du in dir selbst einen Raum erschaffen kannst, der dich trägt.

Ritual & Körperprozess

ORIENTIERUNG IM RAUM

Unser Körper speichert Erfahrungen von Sicherheit oder Unsicherheit tief in unserem Nervensystem. Wenn wir oft das Gefühl hatten, nicht gehalten zu sein – sei es durch instabile Lebensumstände, überfordernde Erfahrungen oder das Fehlen eines sicheren Bezugsortes – kann sich dies als ein Gefühl von Unruhe, Getriebenheit oder innerer Unsicherheit zeigen. Ein einfacher, aber wirkungsvoller Weg, um das eigene Sicherheitsgefühl zu stärken, ist die bewusste Orientierung im Raum. Dies ist eine Technik, die in der traumasensiblen Arbeit genutzt wird, um das Nervensystem sanft in einen Zustand der Ruhe zu begleiten.

1. Setze dich an einen ruhigen Ort.
   Spüre, wie dein Körper Kontakt mit dem Boden, mit dem Stuhl oder dem Kissen hat.
2. Lass deinen Blick langsam durch den Raum wandern.
   Beobachte mit sanftem, neugierigem Blick die Gegenstände um dich herum. Schaue nach oben zur Decke, zur Seite, nach unten zum Boden. Erlaube deinen Augen, sich wirklich zu orientieren.
3. Nimm bewusst wahr, wo du dich befindest.
   Welche Farben, Formen oder Lichtverhältnisse kannst du erkennen? Gibt es etwas, das dir ein Gefühl von Geborgenheit vermittelt?
4. Lenke deine Aufmerksamkeit auf deinen Atem.
   Spüre, wie dein Atem ein- und ausströmt. Nimm wahr, wie dein Körper sich mit jedem Atemzug ausdehnt und wieder entspannt.
5. Lege eine Hand sanft auf deinen Brustkorb oder deinen Bauch.
   Fühle die Wärme deiner Hand, spüre den Kontakt mit dir selbst. Wiederhole innerlich oder laut: „Ich bin hier. Ich bin sicher. Ich bin geerdet."
6. Gähne, seufze, atme langsamer und tiefer oder bewege dich sanft, wenn dein Körper es verlangt.
   Dies sind Zeichen dafür, dass dein Nervensystem beginnt, sich zu regulieren.

Indem du dich bewusst im Raum orientierst, gibst du deinem Nervensystem die Information, dass du sicher bist. Diese Übung kann dir helfen, Unruhe oder Ängste zu beruhigen und dich wieder mit dir selbst zu verbinden.

Sie ist besonders wertvoll, wenn du dich gestresst oder unsicher fühlst – oder wenn du bewusst einen Moment der Erdung brauchst.

Diese erste Rauhnacht ist dein Ankerpunkt. Ein Moment, in dem du tief durchatmen kannst. Ein Moment, in dem du dich daran erinnerst, dass du in dir selbst einen Raum erschaffen kannst, der dich trägt – unabhängig davon, was im Außen geschieht. Denn wahre Sicherheit beginnt immer in dir. Diese Übung kannst du mitnehmen auf deiner Reise durch die Rauhnächte. Vielleicht beginnst du jedes Eintauchen in die nächsten Rauhnächte mit dieser Orientierungsübung.

Impuls für den Januar

Wenn du im neuen Jahr beginnst, deinen Alltag wieder aufzunehmen, erinnere dich an diesen Moment: Sicherheit beginnt nicht im Außen, sondern in dir. Vielleicht möchtest du im Januar immer wieder innehalten und dich fragen: Was brauche ich, um mich heute geerdet zu fühlen? Jeder bewusste Schritt darf auf einem Fundament aus Ruhe und innerer Autorität ruhen.

Manifestationsimpuls

Was wäre, wenn dein Alltag selbst zu einem sicheren Raum wird? Vielleicht möchtest du ein Ritual erschaffen, das dich jeden Morgen mit deinem inneren Boden verbindet – ein Satz, ein Atemzug, eine Bewegung. Lass diese Rauhnacht und den kommenden Januar zur Manifestation von innerer Stabilität werden. Nicht durch Kontrolle, sondern durch Präsenz.

Lass diesen Monat zur gelebten Erinnerung daran werden, dass Sicherheit nicht von außen kommen muss. Vielleicht spürst du, dass jeder bewusste Atemzug, jede klare Entscheidung, jede kleine Geste der Selbstfürsorge ein Zeichen dafür sein kann, dass du dich selbst ernst nimmst. Du brauchst keinen großen Plan – manchmal reicht es, dich immer wieder an das zu erinnern, was dich trägt. Verwurzelung beginnt dort, wo du dich dir selbst zuwendest – still, klar, verbunden.

25. Dezember

2. RAUHNACHT

Februar des neuen Jahres

Die Kunst, neue Perspektiven zuzulassen (Stirnchakra)

Visionen · Freiheit · die eigene innere (R)evolution

Ich erkenne meine innere Wahrheit.
Ich öffne meinen Geist für neue Möglichkeiten
und sehe klar, wohin mein Weg führt.

Die zweite Rauhnacht lädt dich dazu ein, einen Schritt zurückzutreten und dein Leben aus einer neuen Perspektive zu betrachten. Wo gestern noch Struktur und Sicherheit im Fokus standen, öffnet sich heute ein Raum für Neues, für eine Erweiterung des Bewusstseins.

Manchmal sind wir so in unseren eigenen Geschichten verstrickt, dass wir nicht mehr erkennen, welche Wege eigentlich offen vor uns liegen. Unser Denken folgt den gewohnten Bahnen, die uns in eine bestimmte Richtung zu lenken scheinen – und doch gibt es immer eine andere Möglichkeit oder Sichtweise, eine neue Tür, die sich öffnen kann. Diese Rauhnacht lädt dich ein, dich zu fragen:

- Lebe ich meine Wahrheit oder passe ich mich Erwartungen an?
- Erlaube ich mir, über das Bekannte hinauszudenken?
- Welche neuen Möglichkeiten möchte das Leben mir heute zeigen?
- Wo darf ich mich von Begrenzungen lösen und mich für das Unbekannte öffnen?

Stell dir vor, du stehst auf einem Hügel und blickst auf dein Leben wie auf eine weite Landschaft. Von hier aus werden Wege sichtbar, die dir bisher verborgen waren – nicht weil sie neu sind, sondern weil du nun bereit bist, sie zu sehen.

Die Kraft der Visionen – Ein neuer Blick auf das Leben

Visionen entstehen dort, wo wir es wagen, unsere gewohnte Perspektive zu verlassen. Doch sie entspringen nicht allein unserem Verstand – sie kommen aus der Tiefe unseres Seins. Sie sind nicht bloß Gedanken, sondern innere Wahrheiten, die sich zeigen wollen.

Diese Rauhnacht steht für die Freiheit des Geistes, für Visionen und für das Erkennen neuer Wege. Sie fordert dich auf, dein eigenes Potenzial nicht durch alte Überzeugungen zu begrenzen. Oft halten wir an bestimmten Vorstellungen fest, weil sie uns Sicherheit geben. Doch wahre Freiheit entsteht nicht durch Kontrolle, sondern durch Vertrauen. Vertrauen in das Leben, in den eigenen Weg, in das, was sich zeigen will.

Vielleicht hast du dich in diesem Jahr an etwas geklammert, das dich eigentlich längst nicht mehr erfüllt. Vielleicht gibt es einen Traum in dir, den du immer wieder zurückhältst, weil du nicht sicher bist, ob du ihn wirklich leben kannst. Diese Nacht ist eine Einladung, tiefer zu lauschen. Nicht mit dem Kopf, sondern mit dem Herzen. Denn das, was wirklich zu dir gehört, war schon immer da. Es wartet nur darauf, von dir gesehen zu werden. Frage dich heute:

- Welche Sehnsüchte tauchen immer wieder in mir auf?
- Wo spüre ich ein inneres Ziehen, eine Ahnung, dass es mehr für mich gibt?
- Bin ich bereit, meinen Blick zu weiten und das Unmögliche für möglich zu halten?

Der Blick für das größere Ganze

Die zweite Rauhnacht lehrt uns, dass wir mehr sind als das, was wir mit bloßem Auge sehen. Unsere Erfahrungen formen unsere Sichtweise, sind aber nicht die absolute Wahrheit. Wenn wir unseren Blick weiten, erkennen wir, dass Wahrheit sich verändern kann – abhängig von unserem inneren Standpunkt.

Ein Beispiel dafür ist die Perspektive auf vergangene Erlebnisse. Situationen, die uns einst herausgefordert haben, erscheinen oft in einem anderen Licht, wenn wir auf sie zurückblicken. Vielleicht erkennen wir rückwirkend, dass sie uns Wachstum geschenkt haben. Dass sie uns dorthin geführt haben, wo wir heute stehen. Die Einladung dieser Rauhnacht lautet: Trau dich, aus deinem gewohnten Denken auszubrechen. Erkenne, dass es keine festen Grenzen gibt – nur jene, die du dir selbst setzt.

Der Verstand liebt es, sich an das Bekannte zu klammern. Doch unser Wesen ist dafür gemacht, zu wachsen. Freiheit bedeutet nicht, alles hinter sich zu lassen. Freiheit bedeutet, in sich selbst ein Gefühl von Weite zu finden. Ein inneres JA zu dem, was dich ruft. Vielleicht bedeutet Freiheit für dich, deinen eigenen Rhythmus zu leben. Vielleicht bedeutet sie, dich von inneren oder äußeren Erwartungen zu lösen. Vielleicht bedeutet sie, dich dem Leben hinzugeben, ohne zu wissen, wohin es dich führt. Egal, was es für dich ist – erlaube dir, dich für deine eigene Freiheit zu öffnen.

Die zweite Rauhnacht schenkt dir den Raum, neu zu sehen. Nicht mit den Augen, sondern mit der Seele. Spüre hinein: Was liegt vor dir, wenn du dich traust, in die Weite zu blicken?

Anleitung zur Übung

DIE SPRACHE DEINES NERVENSYSTEMS ENTSCHLÜSSELN

Die zweite Rauhnacht fordert uns auf, über unsere bisherigen Sichtweisen hinauszugehen. Sie lädt uns ein, nicht nur in gewohnten Denkmustern zu verharren, sondern zu spüren: Wie fühlt sich mein Leben an, wenn ich es aus einer anderen Perspektive betrachte?

Wenn du heute dein Nervensystem beobachtest, erkennst du, dass du nicht deine Gedanken, nicht deine Emotionen, nicht deine momentane Wahrnehmung bist. Du bist viel mehr. Diese Nacht schenkt dir den Raum, deine eigene Wahrheit neu zu entdecken – jenseits der alten Muster, aus einer Weite heraus, die Freiheit mit sich bringt.

1. Finde einen ruhigen Ort.
   Setze dich bequem hin und schließe sanft die Augen.
2. Beobachte deinen aktuellen Zustand.
   - Fühlst du dich ruhig und verbunden? (Sicherheit, Weite, Klarheit)
   - Bist du innerlich angespannt oder rastlos? (Aktivierung, schnelle Gedanken, Unruhe)
   - Spürst du eher Erschöpfung oder Rückzug? (Schwere, das Bedürfnis, dich zurückzuziehen)
3. Erkenne, wie dein Zustand deine Wahrnehmung beeinflusst. Stell dir eine herausfordernde Situation aus deinem Leben vor – und betrachte sie aus jedem dieser Zustände heraus:
   - Wie fühlt sich die Situation an, wenn du in innerer Ruhe bist?
   - Wie erscheint sie, wenn du gestresst bist?
   - Welche Gedanken hast du, wenn du dich zurückgezogen fühlst?
4. Nimm eine bewusste Perspektivveränderung vor.
   - Falls du dich angespannt fühlst, lege eine Hand auf dein Herz oder atme langsam aus.
   - Falls du dich erschöpft fühlst, bewege sanft deinen Körper oder schaue dich im Raum um.
   - Falls du dich ruhig und klar fühlst, vertiefe dieses Gefühl, indem du bewusst in diesem Zustand verweilst.

5. Schreibe eine Erkenntnis auf, die du aus dieser Übung gewonnen hast. Vielleicht zeigt sich eine neue Perspektive, eine tiefere Wahrheit oder eine Botschaft aus deinem Inneren.

Impuls für den Februar

Der Februar lädt dich ein, neue Blickwinkel einzunehmen – in deinem Denken, in deinem Alltag, in deinen Beziehungen. Vielleicht entsteht in diesem Monat eine Vision, die dich ruft. Vielleicht brauchst du nur einen feinen Richtungswechsel. Was wäre, wenn du dir erlaubst, über das hinauszublicken, was du bisher für möglich gehalten hast?

Manifestationsimpuls

Vielleicht möchtest du diesen Monat nicht mit Antworten beginnen, sondern mit einer Frage:

Was darf sich zeigen, wenn ich loslasse, was ich zu wissen glaube? Lass deine Gedanken nicht nach Lösungen suchen, sondern nach Weite. Beobachte, welche inneren Bilder, Impulse oder Träume dich begleiten. Spüre hin: Welche Vision möchte durch dich gesehen werden – nicht als Ziel, sondern als Richtung? Und wenn du möchtest, notiere dir ein einziges Wort oder Bild, das dich daran erinnert, dass es mehr gibt, als du bisher für möglich gehalten hast.

26. Dezember

3. RAUHNACHT

März des neuen Jahres

Erkenne, dass du Teil von etwas Größerem bist (Kronenchakra)

Mystik · die eigene Magie finden · sich an das große Ganze anschließen · Verbundenheit spüren

Ich öffne mich für das Mystische in mir und um mich herum. Ich erkenne meine eigene Magie und lasse mich von der Weisheit des Universums tragen.

Die dritte Rauhnacht führt dich in eine tiefe, feine Wahrnehmung. Es ist die Nacht, in der wir den Schleier zwischen den Welten durchlässiger spüren. Eine Zeit, in der das Rationale zurücktritt und wir uns der feinen, ungreifbaren Dimension des Lebens hingeben dürfen. Hier geht es nicht um Verstehen, sondern um Erfahren. Es ist die Einladung, die Kontrolle loszulassen und das große Ganze zu spüren. Die eigene Magie nicht aus dem Kopf heraus zu definieren, sondern sie in sich selbst zu entdecken.

Vielleicht hast du Momente in deinem Leben erlebt, in denen du tief gespürt hast:

- Ich bin verbunden.
- Ich bin geführt.
- Es gibt mehr zwischen Himmel und Erde, als ich mit bloßem Auge sehen kann.

Diese Nacht ist ein Ruf an deine Intuition. Ein Eintauchen in das, was du nicht erklären kannst, aber dennoch als Wahrheit in dir trägst. Wie der Morgendunst, der sich über die Felder legt, liegt in dieser Nacht etwas Unsichtbares, aber Spürbares in der Luft. Du musst nicht verstehen – du darfst empfangen. Intuition ist wie ein Windhauch: Du siehst ihn nicht, aber du fühlst seine Richtung. Magie beginnt dort, wo du spürst, dass du Teil von etwas Größerem bist.

Manchmal versuchen wir, unser Leben allein zu meistern. Wir kämpfen, planen, kontrollieren – doch genau in diesen Momenten verlieren wir oft die Verbindung. Die Verbindung zu uns selbst, zu unserer Intuition, zu dem Fluss des Lebens. Magie geschieht aber nicht durch Druck. Magie geschieht, wenn wir uns hingeben. Wenn wir erkennen, dass wir nicht alles alleine erschaffen müssen. Dass wir Teil eines größeren Netzwerks sind, einer kosmischen Ordnung, die uns führt.

Vielleicht nimmst du das in kleinen, zarten Momenten wahr: Wenn du im richtigen Moment genau die richtigen Worte hörst. Wenn sich eine Tür öffnet, die du nicht erwartet hast. Wenn du plötzlich in tiefer innerer Ruhe spürst: Ich bin genau da, wo ich sein soll. Diese Nacht lädt dich ein, dich zu öffnen für diese Weisheit.

Dein Platz im großen Ganzen – Die Weisheit des Kronenchakras

Das Kronenchakra steht für unser tiefstes Wissen, unsere spirituelle Anbindung, die Fähigkeit, über das Ego hinauszugehen und uns mit dem Universum zu verbinden. Wenn dieses Zentrum offen ist, fühlen wir uns geführt, gehalten und in tiefer Harmonie mit dem Leben. Doch oft blockieren wir uns selbst. Wir sind so sehr damit beschäftigt, alles zu verstehen, zu analysieren, zu hinterfragen, dass wir das Spüren vergessen. Doch die größten Antworten findest du nicht mit dem Verstand. Die größten Antworten zeigen sich, wenn du still wirst. Frage dich heute:

- Wo in meinem Leben darf ich die Kontrolle loslassen?

- Wie zeigt sich Magie in meinem Alltag?
- Wann spüre ich mich am meisten verbunden mit dem Leben?
- Welche Weisheit trägt meine Intuition in sich, die ich bisher überhört habe?

Diese Nacht ist eine Einladung, nicht nur mit dem Kopf zu suchen, sondern mit dem Herzen zu lauschen. Es geht nicht um Antworten, sondern um Fragen. Es geht nicht um Wissen, sondern um Erfahrung. Vielleicht möchtest du heute in den Himmel blicken und einfach spüren, dass du ein Teil davon bist. Vielleicht möchtest du eine Kerze anzünden und sie einfach brennen lassen, ohne eine Absicht. Vielleicht möchtest du mit geschlossenen Augen lauschen und einfach sein. Denn du bist bereits verbunden. Du bist bereits ein Teil von etwas Größerem. Erlaube dir, es zu spüren.

Diese dritte Rauhnacht schenkt dir den Raum, über deine Grenzen hinauszusehen.

Nicht mit den Augen. Sondern mit der Seele. Spüre hinein: Was offenbart sich, wenn du still wirst?

Körperprozess

EIN SIFT-CHECK-IN: LAUSCHEN, OHNE ZU BEWERTEN

In dieser Rauhnacht tauchen wir in die feinen Schichten unserer Wahrnehmung ein. Wir nehmen uns Zeit, um in uns hineinzuspüren – mit einer offenen, neugierigen Haltung. Setze oder lege dich bequem hin. Finde eine Position, in der du dich sicher fühlst, in der dein Körper sich entspannen kann. Schließe, wenn es sich gut anfühlt, die Augen oder lass den Blick weich werden. Dann stelle dir sanft die folgenden Fragen und lausche, ohne zu bewerten:

SIFT – Der innere Check-in (die genaue Beschreibung findest du im Theorieteil)

1. **S – Sensations (Körperempfindungen)**
   Welche Empfindungen nimmst du in deinem Körper wahr? Spüre für einen Moment in deinen Körper hinein. Gibt es Stellen, die warm oder kalt sind? Gibt es eine Spannung oder ein Kribbeln? Nimm einfach wahr, ohne zu verändern oder zu bewerten.

2. **I – Images (Bilder, innere Eindrücke)**
   Gibt es innere Bilder oder Symbole, die in dir auftauchen? Vielleicht ist es eine Farbe, eine Form oder ein spontanes inneres Bild. Es spielt keine Rolle, ob es Sinn ergibt – empfange es einfach.

3. **F – Feelings (Gefühle, Emotionen)**
   Welche Emotionen sind gerade da? Vielleicht gibt es Freude, vielleicht Stille, vielleicht ein Hauch von Traurigkeit oder Ruhe. Nimm einfach wahr, was in dir aufsteigt.

4. **T – Thoughts (Gedanken, innere Worte)**
   Welche Gedanken oder Sätze sind präsent? Gibt es Worte, die in deinem Geist auftauchen? Eine Botschaft, ein Satz, der sich zeigt? Beobachte ihn, ohne ihn festzuhalten oder zu verändern.

Lass all das einfach da sein. Du musst nichts tun, verändern oder analysieren. SIFT lädt dich ein, dich selbst in diesem Moment still zu empfangen – ohne etwas verändern oder verstehen zu müssen. Lass alles da sein, so wie es jetzt ist. Zum Abschluss kannst du dir eine sanfte Frage stellen: Was nehme ich heute aus dieser Reise durch meine Innenwelt mit?

Lass dieses Spüren noch einen Moment nachklingen, bevor du langsam in dein Außen zurückkehrst. Bewege sanft deine Hände, deine Füße, spüre, wie dein Körper in den Raum zurückkehrt. Diese Übung bringt dich in eine feine Verbindung mit dir selbst. Es ist ein Moment des Lauschens – ein Erkennen, dass du bereits getragen bist. Alles, was du brauchst, ist schon in dir.

Impuls für den März

Wenn der Frühling beginnt, erinnere dich an dein Eingebundensein. An das Gefühl, Teil von etwas Größerem zu sein. Vielleicht zeigt sich im März ein Moment, in dem du Kontrolle loslassen darfst – und stattdessen ins Vertrauen gehst. Lass dich führen von dem, was sich still und kraftvoll in dir regt und was langsam an die Oberfläche kommen will.

Manifestationsimpuls

Manchmal braucht es keinen Plan, sondern eine Geste der Hingabe. Vielleicht möchtest du in diesem Monat nicht entscheiden, sondern einfach nur empfangen. Statt dich zu fragen, was du erschaffen willst – frage dich, wofür du offen bist. Welche Kraft möchte durch dich wirken, wenn du aufhörst, sie festzuhalten? Vertraue darauf, dass du nicht alles wissen musst, um angebunden zu sein. Vielleicht genügt es, dich innerlich zu bejahen – für genau diesen nächsten Schritt, auch wenn du ihn noch nicht ganz sehen kannst.

27. Dezember

4. RAUHNACHT

April des neuen Jahres

Die Kraft, meinen eigenen Weg zu gehen (Solarplexus)

Neuanfang • Mut • ins Tun kommen • aktivieren • umsetzen • wachsen

Ich erkenne meine eigene Stärke und trete bewusst aus der Passivität in die Handlung. Ich entscheide mich für Wachstum.

Jede große Veränderung beginnt mit einem Moment des Mutes. Mut ist der Übergang von der Angst in die Kraft. Er ist der Punkt, an dem wir uns entscheiden, nicht länger Zuschauer unseres Lebens zu sein, sondern bewusst zu handeln.

Oft wird Mut missverstanden. Viele glauben, mutige Menschen hätten keine Angst. Doch das Gegenteil ist der Fall: Mut bedeutet nicht, keine Angst zu haben, sondern trotz Angst ins Handeln zu kommen. Mut ist die Energie, die Wachstum ermöglicht. Ohne Mut bleiben wir in alten Strukturen, in vertrauten Komfortzonen, die uns zwar Sicherheit geben, aber keine Entwicklung erlauben. Doch wahres Wachstum beginnt genau dort, wo wir uns über diese Grenzen hinauswagen. Mut bedeutet, sich dem Leben mit offenen Armen entgegenzustellen, anstatt sich hinter Zweifeln zu verstecken.

Vielleicht spürst du, dass du an einem inneren Übergang stehst. Es ist wie bei der ersten Knospe im Frühling, die den Mut hat, sich zu zeigen – noch bevor sie weiß, ob der Frost wirklich vorbei ist. Sie wartet nicht auf Sicherheit. Sie folgt ihrem inneren Drang zu wachsen. Etwas ruft dich nach vorne – eine neue Idee, eine tiefe Sehnsucht, ein unausgesprochener Wunsch. Doch mit diesem Ruf kommt oft auch die Angst: Was, wenn ich scheitere? Was, wenn ich nicht gut genug bin? Was, wenn ich es nicht schaffe?

Diese Gedanken sind vollkommen natürlich, doch sie dürfen nicht die Richtung deines Lebens bestimmen. Mut ist die Entscheidung, sich diesen Fragen zu stellen und trotzdem weiterzugehen. Es ist das bewusste Ja zum Wachstum – selbst dann, wenn nicht alle Antworten klar sind.

Mut als Schwelle zur Veränderung

Der Psychiater David R. Hawkins beschreibt in seinem Modell der Bewusstseinsebenen, dass Mut der Wendepunkt ist, an dem wir uns aus niedrig schwingenden Energien wie Angst, Scham oder Ohnmacht befreien. Mut ist der erste Schritt in eine Realität, die nicht mehr von Mangel oder Zweifel bestimmt wird, sondern von Eigenverantwortung und innerer Stärke. Diese Veränderung geschieht nicht von außen. Sie beginnt tief in dir. In dem Moment, in dem du den Mut aufbringst, deine Wahrheit zu leben, veränderst du deine gesamte Energie.

Mut bedeutet, Verantwortung für dein Leben zu übernehmen – nicht länger darauf zu warten, dass sich Umstände ändern, sondern selbst die ersten Schritte zu setzen. Der Weg muss nicht sofort klar sein. Es reicht, wenn du beginnst. Mut zeigt sich nicht nur in den großen Schritten, sondern in jedem Moment. Mut zeigt sich nicht nur in spektakulären Entscheidungen oder großen Lebensveränderungen. Manchmal ist es schon mutig, eine Wahrheit auszusprechen, eine unangenehme Situation nicht länger zu akzeptieren oder sich selbst zu erlauben, etwas Neues auszuprobieren. Mut kann bedeuten:

- etwas zu tun, das du bisher vermieden hast.
- eine Gewohnheit zu durchbrechen, die dich kleinhält.
- ein Nein auszusprechen, wo du bisher Ja gesagt hast.
- einen Herzenswunsch auszusprechen – selbst wenn niemand sonst daran glaubt.

Diese Rauhnacht erinnert dich daran: Du kannst warten – oder du kannst gehen. Das Leben fragt nicht, ob du bereit bist. Es fragt, ob du es willst.

REFLEXIONSFRAGEN ZUR 4. RAUHNACHT

1. Wo in meinem Leben spüre ich eine Schwelle, die ich überschreiten möchte?
2. Welche Entscheidungen habe ich bisher aus Angst hinausgezögert?
3. Was wäre möglich, wenn ich mir erlaube, mutig zu sein?
4. Welche kleinste Handlung könnte heute ein Zeichen für meine innere Stärke sein?
5. Wo in meinem Leben möchte ich aktiver werden, anstatt passiv zu warten?
6. Wann habe ich zuletzt bewusst eine mutige Entscheidung getroffen – und wie hat sich das angefühlt?

Körperprozess

DAS NERVENSYSTEM MAPPEN KÖNNEN

Mut ist kein einmaliger Schritt. Es ist eine bewusste Entscheidung – jeden Tag aufs Neue. Heute hast du die Möglichkeit, diesen ersten Schritt zu gehen. Auch wenn er noch klein ist: Er hat die Kraft, dein ganzes Leben zu verändern. Mut entsteht nicht im Kopf – er entsteht im Körper. Damit wir mutige Entscheidungen treffen können, müssen wir verstehen, wie unser Nervensystem auf Herausforderungen reagiert. Diese Übung hilft dir, dein Nervensystem besser kennenzulernen, indem du es kartographierst – also bewusst wahrnimmst, welche Zustände in dir aktiv sind.

1. **Ankommen und Spüren**
   Finde eine aufrechte, entspannte Position. Orientiere dich im Raum, um deinem Nervensystem Sicherheit zu signalisieren. Schließe, wenn es sich gut anfühlt, die Augen. Spüre, wie dein Körper den Boden oder die Sitzfläche berührt.

2. **Beobachten – Wo bin ich gerade?**
   Fühle in deinen Körper: Fühlst du dich entspannt, geerdet, ruhig? Oder gibt es eine leichte Unruhe, ein Kribbeln, vielleicht sogar Spannung? Gibt es einen Bereich, der sich besonders präsent anfühlt?

3. **Erkennen – In welchem Zustand bin ich?**
   Wenn du dich ruhig und klar fühlst, bist du wahrscheinlich im ventralvagalen Zustand – verbunden, präsent, offen für Wachstum.
   Wenn dein Herz schneller schlägt oder deine Gedanken rasen, könnte dein Nervensystem im sympathischen Zustand sein – bereit zur Aktion, aber vielleicht auch gestresst.
   Wenn du dich eher schwer, müde oder abgekoppelt fühlst, könnte das ein Zeichen für den dorsalen Zustand sein – ein Rückzug aus Angst oder Überforderung.

4. **Den Mut aktivieren – Durch kleine Bewegung und Atem**
   Spüre in deinen Solarplexus – deine innere Kraftquelle. Lege sanft eine Hand darauf und atme bewusst ein und aus.
   Wenn du das Gefühl hast, in einem angespannten Zustand zu sein, bewege dich leicht: Kreise deine Schultern, dehne dich, schüttle die Arme aus.

Wenn du das Gefühl hast, im Rückzug zu sein, bringe Wärme in deinen Körper – lege eine Hand auf dein Herz, massiere sanft deine Arme oder bewege deine Zehen.

5. **Eine Entscheidung treffen**
   Spüre, wie du dich jetzt fühlst. Welcher kleine Schritt wäre heute ein mutiger Schritt für dich? Vielleicht nur eine neue Perspektive oder eine kleine Handlung, die Veränderung in Bewegung bringt.

Diese Übung hilft dir, dein Nervensystem als Kompass zu nutzen. Wenn wir verstehen, in welchem Zustand wir uns befinden, können wir bewusst navigieren – und so den Mut aktivieren, den es für Wachstum braucht.

Impuls für den April

Der April lädt dich ein, in Bewegung zu kommen. Nicht aus Druck, sondern aus einem inneren Ruf heraus. Vielleicht spürst du in diesem Monat den Wunsch, aktiv zu werden, etwas zu wagen, sichtbar zu werden. Manchmal reicht ein erster Schritt – nicht perfekt, nicht durchdacht, sondern echt. Was, wenn dein Mut nicht darin liegt, alles zu wissen – sondern einfach zu beginnen?

Manifestationsimpuls

Stell dir vor, dass jede Entscheidung, die du im April triffst, ein JA zu deinem Wachstum ist. Vielleicht gibt es einen Bereich in deinem Leben, der schon lange nach Veränderung ruft. Warte nicht, bis du bereit bist – folge dem Moment, der dich innerlich zieht. Ein klarer Satz, ein ehrliches Gespräch, eine kleine Tat, die dich aus der Passivität löst: Das ist gelebte Manifestation im Alltag. Du musst nicht wissen, wohin der Weg führt, aber du darfst ihn heute betreten.

28. Dezember

5. RAUHNACHT

Mai des neuen Jahres

Die Kraft, mich selbst zu nähren (Sakralchakra)

Bedürfnisse • Werte • Selbstbewusstsein • sich etwas Gutes tun • sich nähren

Ich erkenne meine Bedürfnisse und Werte und erlaube mir, sie ernst zu nehmen. Ich nähre mich selbst – körperlich, emotional und seelisch.

Diese Rauhnacht lädt dich ein, bewusst in deine eigene Fülle einzutauchen. Wie oft kümmerst du dich um andere – und vergisst dabei dich selbst? Wie oft stellst du deine Bedürfnisse zurück, weil du denkst, dass erst alles andere wichtiger ist? Doch wahres Selbstbewusstsein beginnt genau hier: Bei der Fähigkeit, dich selbst zu spüren, dich ernst zu nehmen und dich zu nähren – nicht nur mit Nahrung, sondern mit allem, was dich stärkt und aufbaut.

Das Sakralchakra steht für Genuss, Sinnlichkeit und Lebendigkeit. Es erinnert dich daran, dass du ein Wesen bist, das nicht nur funktioniert, sondern auch fühlt, das nicht nur gibt, sondern auch empfangen darf. Heute ist der Moment, um dich zu fragen: Was nährt mich wirklich? Wie ein Garten, der nur dann blüht, wenn er regelmäßig gegossen wird, brauchen auch deine Bedürfnisse Aufmerksamkeit, damit sie dich nähren können. Du kannst nicht von Leere leben, aber du darfst von innen heraus erblühen.

Jeder Mensch hat Bedürfnisse. Doch viele von uns haben verlernt, sie wahrzunehmen oder halten sie für unwichtig. Vielleicht sind da innere Stimmen, die sagen: „Das ist egoistisch." „Ich kann mir das nicht erlauben." „Ich muss erst alles andere erledigen."

Doch deine Bedürfnisse sind kein Luxus. Sie sind die Basis für deine innere Balance. Je besser du für dich sorgst, desto mehr Kraft hast du für dein Leben und für andere. Die 5. Rauhnacht ist eine Einladung, dich in diesem Bereich zu erforschen:

- Welche Dinge nähren mich wirklich – auf körperlicher, emotionaler und seelischer Ebene?
- Wie fühlt es sich an, wenn ich meine Bedürfnisse ernst nehme?
- Wo in meinem Leben ignoriere ich meine Bedürfnisse noch?

Werte als inneres Fundament

Nicht nur Bedürfnisse, sondern auch Werte sind ein zentraler Teil deines Lebensfundaments. Deine Werte bestimmen, was dir wichtig ist, woran du glaubst und woran du dich orientierst. Sie geben dir Richtung, wenn alles andere unklar ist. Sobald du deine Werte klar benennen kannst, wirst du dich automatisch selbstbewusster fühlen. Denn wahres Selbstbewusstsein entsteht nicht durch äußere Bestätigung, sondern durch innere Klarheit. Diese Rauhnacht lädt dich ein, dich bewusst mit deinen Werten zu verbinden. Frage dich:

- Welche Werte sind mir wirklich wichtig – und lebe ich nach ihnen?
- Wofür stehe ich ein – auch wenn es unbequem ist?
- In welchen Bereichen meines Lebens spüre ich eine Diskrepanz zwischen meinen Werten und meinen Handlungen?

Sich selbst nähren – auf allen Ebenen

Sich selbst zu nähren, bedeutet nicht nur, gutes Essen zu genießen oder sich Ruhe zu gönnen. Es bedeutet, achtsam mit sich umzugehen und herauszufinden, was dich stärkt.

- Körperlich: Nähre dich mit guter Nahrung, Bewegung und Berührung.
- Emotional: Nähre dich mit Liebe, Wertschätzung und ehrlicher Selbstfürsorge.
- Seelisch: Nähre dich mit Inspiration, Kreativität und Zeit für das, was dich erfüllt.

Es gibt einen Unterschied zwischen echter, tiefer Fülle und dem Versuch, innere Leere zu kompensieren. Die Einladung dieser Rauhnacht ist, die echte Fülle in dir zu finden – die Fülle, die dich trägt, unabhängig von äußeren Umständen.

REFLEXIONSFRAGEN ZUR 5. RAUHNACHT

1. Welche Bedürfnisse habe ich lange vernachlässigt?
2. Wie kann ich mich in meinem Alltag bewusster nähren – körperlich, emotional und seelisch?
3. Welche Werte sind für mich essenziell? Lebe ich nach ihnen?
4. Wo in meinem Leben spüre ich Mangel – und was kann ich tun, um echte Fülle zu schaffen?
5. Welche kleinen Rituale kann ich in meinen Tag einbauen, um mich selbst zu stärken?

Körperprozess

RESSOURCEN SPÜREN – DEIN FUNDAMENT DER INNEREN FÜLLE

Ressourcen sind die Kraftquellen, die dich nähren und stabilisieren. Sie sind der Boden, auf dem du stehst, die Wurzeln, die dich halten, wenn das Leben herausfordernd wird. Oft sind sie bereits da, doch wir nehmen sie nicht bewusst wahr oder nutzen sie zu wenig. Diese Übung hilft dir, deine Ressourcen zu erkennen und dich mit ihnen zu verbinden, um mehr innere Sicherheit und Selbstbewusstsein zu entwickeln.

Schritt 1: Deine Ressourcen erkennen

Setze dich an einen ruhigen Ort. Atme tief ein und aus. Schließe für einen Moment die Augen und frage dich:

- Welche Menschen in meinem Leben geben mir Kraft?
- Welche Aktivitäten tun mir gut?
- Welche Fähigkeiten oder Stärken helfen mir in schwierigen Zeiten?
- Welche Orte oder Rituale bringen mich in meine Mitte?
- Welche Momente in meinem Leben haben mir gezeigt, dass ich getragen bin?

Schreibe alles auf, was dir in den Sinn kommt. Erlaube dir, großzügig zu sein – alles zählt, auch kleine Dinge. Selbst scheinbar unbedeutende Rituale, wie der erste Schluck Tee am Morgen oder das Lesen eines inspirierenden Buches können wertvolle Ressourcen sein.

Schritt 2: Eine bewusste Handlung setzen

Wähle eine Ressource aus und entscheide dich, sie heute bewusst zu nutzen. Vielleicht gönnst du dir eine Pause, bewegst dich an der frischen Luft oder kontaktierst eine Person, die dich unterstützt. Falls du dich in einer herausfordernden Phase befindest, kannst du auch eine Liste mit „Notfall-Ressourcen" erstellen – Dinge, die dich beruhigen, wenn du aus deiner Mitte gerätst. So erschaffst du dir einen inneren Anker, auf den du jederzeit zurückgreifen kannst. Diese bewusste Handlung zeigt dir: Ich darf mich nähren. Ich bin wertvoll.

Wenn du deine Ressourcen bewusst pflegst, stärkst du dein Nervensystem und dein Selbstbewusstsein. Sie sind dein innerer Halt – und je mehr du sie nutzt, desto sicherer wirst du dich in dir selbst fühlen. Ressourcen helfen dir, in turbulenten Zeiten nicht den Boden unter den Füßen zu verlieren. Sie geben dir nicht nur Stabilität, sondern auch die Kraft, deinen Weg mit Klarheit und Vertrauen zu gehen. Heute geht es um dich. Erlaube dir, dich selbst zu stärken – nicht nur als Ausnahme, sondern als Selbstverständlichkeit. Wenn du magst, kannst du diese Übung erweitern, indem du deine Ressource körperlich spürbar machst.

Schritt 3 (optional): Spüre deine Ressource

Verbinde dich mit einer Ressource, die dir guttut. Gehe mit dieser Ressource durch den SIFT-Prozess, indem du dich fragst:

- Wie fühlt sich mein Körper an, wenn ich mich mit dieser Ressource verbinde?
- Wo kann ich diese Ressource im Körper wahrnehmen?
- Gibt es eine Farbe, ein Bild zu dieser Ressource?
- Welche Gefühle zeigen sich mir, wenn ich mich mit dieser Ressource verbinde?
- Gibt es einen Satz, der mich in dieser Wahrnehmung unterstützt?

IMPULS FÜR DEN MAI

Der Mai erinnert dich daran, dass wahre Fülle nicht von außen kommt – sondern aus der Art, wie du mit dir selbst verbunden bist.

Vielleicht wirst du in diesem Monat eingeladen, dich tiefer um dich zu kümmern. Nicht erst dann, wenn alles erledigt ist, sondern gerade mitten im Leben. Selbstfürsorge ist kein Luxus. Sie ist ein innerer Akt der Selbstachtung. Was nährt dich wirklich?

Manifestationsimpuls

Vielleicht möchtest du im Mai eine kleine, regelmäßige Geste etablieren, die dich stärkt – ganz ohne Zweck, nur um deinetwillen. Ein Moment der Stille. Ein gutes Essen. Ein ehrliches Nein. Manifestation beginnt dort, wo du dich selbst ernst nimmst. Dort, wo du deine Bedürfnisse nicht übergehst, sondern ihnen Raum gibst. Lass diesen Monat eine Einladung sein, in deine Fülle hineinzuwachsen – nicht durch mehr, sondern durch das, was dir wirklich entspricht.

29. Dezember

6. RAUHNACHT

Juni des neuen Jahres

Meine Wahrheit finden und ausdrücken (Halschakra)

Was will ich lernen? • Leichtigkeit • Neugierde • Kommunikation

Ich erlaube mir, meine innere Wahrheit zu spüren und auszusprechen. Ich kommuniziere mit mir selbst und anderen aus dem Herzen heraus.

Kommunikation ist weit mehr als das gesprochene Wort. Sie ist die Brücke zwischen unserem Innersten und der Welt. Sie beginnt mit dem, was wir uns selbst sagen, mit den Gedanken, die in uns kreisen, mit dem inneren Dialog, den wir oft unbewusst führen. Doch was wäre, wenn wir diesen Dialog bewusst gestalten würden? Wenn wir uns selbst mit liebevollen, neugierigen Worten begegnen würden, anstatt mit Selbstkritik oder Zurückhaltung? Diese Rauhnacht lädt dich ein, dich mit der feinen, stillen Kommunikation in dir zu verbinden. Mit den leisen Impulsen deines Körpers. Stell dir vor, du stehst an einem See, dessen Wasser vollkommen still ist – so still, dass du dein eigenes Spiegelbild klar erkennen kannst. Deine innere Wahrheit ist wie dieses Spiegelbild: Sie zeigt sich nur, wenn es still genug wird, um ihr zuzuhören.

Die Kunst des Zuhörens

Wir haben oft gelernt, dass Kommunikation vor allem aus Sprechen besteht. Doch die wahre Magie geschieht im Lauschen – nicht nur dem Gegenüber, sondern auch uns selbst. Wenn du dir zuhörst, wie du mit dir selbst sprichst – was hörst du? Ist deine innere Stimme sanft, neugierig, wohlwollend? Oder ist sie kritisch, streng oder zurückhaltend? Worte formen unsere Realität, und die Art und Weise, wie wir mit uns sprechen, beeinflusst unser

Denken, unser Fühlen und unsere Handlungen. Heute ist ein Tag, um bewusst zu werden:

- Wie spreche ich mit mir selbst?
- Erlaube ich mir, meine innere Stimme wahrzunehmen?
- Wo kann ich mehr Leichtigkeit in meine Kommunikation bringen?

Der Schlüssel zur Leichtigkeit dabei ist Neugierde. Kinder stellen unaufhörlich Fragen, sie erforschen die Welt mit Offenheit und Staunen. Auch wir dürfen diese Haltung wiederfinden – uns selbst und anderen gegenüber. Zu oft sind wir allerdings so in unserem Alltagstrott gefangen, dass wir diese Offenheit verlernen. Wir hören zu, um zu antworten, nicht um zu verstehen. Wir sprechen, um gehört zu werden, anstatt eine echte Verbindung herzustellen. Was wäre, wenn Kommunikation nicht nur ein Austausch von Worten wäre, sondern eine Einladung, sich selbst und andere tiefer zu erkennen?

Die Sprache des Körpers

Wahre Kommunikation geschieht nicht nur in Worten, sondern auch in Gesten, Blicken und der Energie, die wir ausstrahlen. Unser Körper erzählt uns unaufhörlich Geschichten – doch hören wir ihm zu? Das Halschakra ist die Brücke zwischen Herz und Kopf. Es verbindet unser Fühlen mit unserem Denken, unsere Intuition mit unserer Logik. Wenn dieses Zentrum frei ist, können wir klar ausdrücken, was in uns lebt. Doch viele von uns haben gelernt, sich selbst zurückzunehmen. Viele von uns haben erlebt, dass es sicherer war zu schweigen, als sich auszudrücken.

Diese Rauhnacht lädt dich ein, in dich hinein zu lauschen. Vielleicht gibt es eine Botschaft aus deinem Inneren, die heute gehört werden möchte. Eine alte Wahrheit, die bisher ungesagt geblieben ist oder ein Wunsch, der lange unterdrückt wurde. Es geht nicht darum, sofort die richtigen Worte zu finden. Manchmal reicht es, einfach still mit sich selbst zu sein – mit der Bereitschaft, sich selbst zuzuhören.

Wenn du dich mit deiner Wahrheit verbindest und beginnst, dich klar und authentisch auszudrücken, entsteht eine neue Resonanz. Das Universum hört nicht nur, was du sagst – es hört, was du fühlst, was du in dir trägst. Deine Worte haben Kraft. Deine Gedanken haben Schwingung. Diese Rauhnacht erinnert dich daran, dass du mit jeder deiner Äußerungen einen Samen setzt. Die Frage ist: Welche Samen möchtest du heute pflanzen?

REFLEXIONSFRAGEN ZUR 6. RAUHNACHT

1. Welche Worte verwende ich in meinem inneren Dialog? Sind sie unterstützend oder bremsend?
2. Erlaube ich mir, meine eigene Wahrheit auszusprechen?
3. Wo wünsche ich mir mehr Leichtigkeit in meiner Kommunikation?
4. Was würde sich in meinem Leben verändern, wenn ich meiner inneren Stimme wirklich zuhöre?

Körperprozess

VOM KOPF INS HERZ – DIE SPRACHE DES KÖRPERS VERSTEHEN

Kommunikation beginnt nicht im Kopf, sondern im Körper. Bevor wir überhaupt ein Wort aussprechen, spüren wir es. Diese Übung hilft dir, die feine Verbindung zwischen Kopf und Herz wahrzunehmen und zu erkunden, wie dein Körper mit dir spricht.

Schritt 1: Ankommen und lauschen

Setze dich an einen ruhigen Ort. Schließe deine Augen und atme tief ein und aus. Lass deine Gedanken für einen Moment ziehen, ohne sie zu bewerten.

Schritt 2: Aufmerksamkeit nach innen richten

Lege eine Hand auf dein Herz und eine auf deine Stirn. Spüre die Verbindung zwischen diesen beiden Punkten. Frage dich: Was nehme ich gerade in mir wahr?

- Welche Gedanken sind präsent?
- Welche Gefühle zeigen sich?
- Wie fühlt sich mein Körper an?

Es gibt kein richtig oder falsch – es geht nur ums Beobachten.

Schritt 3: Die Botschaft deines Körpers empfangen

Lass deinen Atem sanft fließen und spüre, wo in deinem Körper Spannung ist. Vielleicht gibt es einen Bereich, der sich eng oder schwer anfühlt – oder einen, der weit und entspannt ist. Stelle dir vor, dass dein Körper eine Botschaft für dich hat. Was würde er dir sagen, wenn er sprechen könnte?

Vielleicht kommt ein Wort, ein Bild, ein Gefühl. Vielleicht einfach eine leise Ahnung.

Schritt 4: Deine innere Wahrheit ausdrücken

Öffne langsam deine Augen und schreibe spontan einen Satz auf, der beschreibt, was du gerade fühlst oder erkennst. Er könnte beginnen mit:

- Mein Herz sagt mir ...
- Mein Körper wünscht sich ...
- Meine Wahrheit ist ...

Wenn du magst, sprich diesen Satz laut aus. Spüre, wie es sich anfühlt, deine Wahrheit zu hören. Beginne damit zu moderieren, was sich in dir spürbar macht.

Impuls für den Juni

Der Juni lädt dich ein, deiner inneren Stimme zuzuhören – nicht der lauten, die kritisiert, sondern der feinen, die wahr ist. Vielleicht wird dir in diesem Monat bewusster, was du sagen möchtest – und was du zu lange zurückgehalten hast. Worte haben Kraft. Und dein Ausdruck darf weich und klar zugleich sein. Wem oder was möchtest du in diesem Monat aufrichtig begegnen – beginnend bei dir selbst?

Manifestationsimpuls

Vielleicht gibt es etwas, das durch dich gesprochen werden will. Ein Satz, ein Gedanke, eine Wahrheit, die bisher keinen Raum hatte. Im Juni kannst du damit beginnen, dich sichtbar zu machen – nicht laut, sondern echt. Ein Gespräch, ein Brief, ein inneres Bekenntnis: Manifestation geschieht, wenn du dich in Worte kleidest, die dir wirklich gehören. Du musst nichts beweisen – du darfst einfach du sein.

30. Dezember

7. RAUHNACHT

Juli des neuen Jahres

Die Weisheit der Gefühle spüren (Herzchakra)

Ahnen • Familie • Seelennest • Gefühle • Einfühlsamkeit • mich selbst nähren

Ich öffne mein Herz für mich selbst, meine Wurzeln und meine tiefsten Gefühle. Ich erlaube mir, mich in mir selbst zu Hause zu fühlen.

Gefühle sind die Brücke zwischen Körper und Seele. Sie sind wie Wellen, die durch uns hindurchfließen – manchmal sanft, manchmal kraftvoll, manchmal überwältigend. Doch egal, in welcher Intensität sie uns erreichen, sie tragen Botschaften, die gehört werden wollen. Diese Rauhnacht ist eine Einladung, unsere emotionale Welt mit offenen Armen zu empfangen. Uns selbst so anzunehmen, wie wir gerade fühlen, ohne zu bewerten.

Oft haben wir gelernt, Gefühle in „gut" oder „schlecht" zu unterteilen. Freude, Liebe und Glück sind erwünscht, während Trauer, Wut oder Angst eher unterdrückt werden. Doch in Wahrheit sind alle Gefühle wertvoll. Sie sind nicht dazu da, uns zu kontrollieren, sondern uns zu zeigen, was in uns lebendig ist. Ein Herz, das sich nicht verschließt, kann wahrhaftig fühlen. Vielleicht spürst du, dass manche Emotionen in dir feststecken oder dass du bestimmte Gefühle schwer zulassen kannst. Doch wenn wir lernen, sie als Sprache unseres inneren Wesens zu betrachten, können wir uns selbst tiefer verstehen. Gefühle sind wie ein tiefer See – in der Tiefe liegt oft das klarste Wasser. Was dich heute überfordert hat, kann morgen eine Kraftquelle sein. Wenn du dich traust, in die Tiefe zu tauchen, wirst du entdecken, dass dort deine Wahrheit wohnt.

Jedes Gefühl, das wir unterdrücken, bleibt in unserem Körper gespeichert. Es sucht nach Ausdruck, nach einem Weg, sich zu zeigen. Deshalb erleben wir manchmal unerklärliche Traurigkeit oder Wut, die scheinbar aus dem Nichts kommen. Doch wenn wir bewusst mit unseren Emotionen umgehen und sie wertfrei wahrnehmen, können sie sich auflösen. Diese Rauhnacht erinnert uns daran, dass Emotionen nicht gegen uns arbeiten, sondern für uns.

Wo komme ich her, wo gehöre ich hin?

Das Herzchakra ist das Zentrum der Verbindung – zu uns selbst, anderen Menschen und unseren Ahnen. Wir alle sind Teil einer langen Ahnenlinie. Die Geschichten unserer Vorfahren, ihre Erlebnisse, ihre Erfahrungen – all das lebt in uns weiter. Manches davon stärkt uns, manches davon belastet uns unbewusst. Diese Rauhnacht lädt dich ein, zu erforschen:

- Wo sind meine Wurzeln?
- Was bedeutet Familie für mich – im klassischen oder im übertragenen Sinne?
- Fühle ich mich zugehörig oder noch nicht vollständig angekommen?
- Gibt es Muster in meiner Familie, die mich geprägt haben? Welche davon möchte ich weitertragen, welche durchbrechen?

Unsere Ahnen tragen eine tiefe Weisheit in sich, die uns stärkt, wenn wir mit ihr in Kontakt treten. Vielleicht gibt es eine Geschichte in deiner Familie, die dich inspiriert, oder eine, die schmerzt. Beide sind Teil deines Erbes, beide sind ein Teil dessen, was dich zu dem Menschen macht, der du bist. Doch Zugehörigkeit bedeutet nicht nur, in einer Gemeinschaft verwurzelt zu sein. Manchmal finden wir unser Seelennest nicht in unserer Ursprungsfamilie, sondern an einem anderen Ort: in Freundschaften, in der Natur oder einfach in uns selbst. Dein Körper ist dein Zuhause. Dein Herz ist dein Seelennest. Wenn du dir erlaubst, in dir selbst anzukommen, brauchst du keine Bestätigung mehr, um zu wissen: Ich gehöre dazu.

Diese Rauhnacht lädt dich ein, dich mit deinem Seelennest zu verbinden. Dich zu fragen: Wo fühle ich mich sicher? Wo kann ich mich fallen lassen? Wo ist mein Herz zu Hause? Denn letztendlich ist es das Gefühl von Heimat in uns selbst, das uns Ruhe schenkt.

REFLEXIONSFRAGEN ZUR 7. RAUHNACHT

1. Welche Emotionen habe ich gelernt zu unterdrücken oder zu vermeiden?
2. Wie fühlt es sich an, meine Gefühle einfach kommen und gehen zu lassen?
3. Wo wünsche ich mir mehr emotionale Sicherheit und Zugehörigkeit?
4. Wie kann ich mein eigenes Seelennest nähren und mir Geborgenheit schenken?
5. Gibt es eine Verbindung zu meinen Ahnen, die ich stärken oder heilen möchte?

Körperprozess

GEFÜHLE ALS WELLEN – STRESSTOLERANZFENSTER WEITEN

Unser Nervensystem ist darauf ausgelegt, entsprechend der Erregung durch unsere Emotionen in einem dynamischen Fluss zu sein – ähnlich wie der Rhythmus von Ebbe und Flut. Doch wenn wir überfordert sind oder gelernt haben, bestimmte Gefühle nicht zuzulassen, kann dieser Fluss ins Stocken geraten.

Das Stresstoleranzfenster beschreibt die Bandbreite an Emotionen und inneren Zuständen, die wir fühlen können, ohne dass unser Nervensystem überfordert oder überreguliert wird. Ist das Fenster weit, erleben wir Gefühle als fließend und können mit ihnen umgehen. Ist es schmal, können uns schon kleine emotionale Wellen überrollen oder uns in eine innere Starre versetzen. Heute lade ich dich ein, dein Stresstoleranzfenster sanft zu weiten – mit einer Übung, die dir hilft, deine Gefühle wie Wellen zu betrachten, die kommen und gehen dürfen, ohne dich zu überwältigen.

Die Wellen der Gefühle beobachten

1. Setze oder lege dich bequem hin. Schließe sanft die Augen oder senke deinen Blick.
2. Richte deine Aufmerksamkeit auf deinen Atem. Beobachte, wie er kommt und geht, ganz natürlich, ohne ihn verändern zu wollen.
3. Spüre in deinen Körper hinein. Gibt es eine Empfindung, ein Gefühl, das sich jetzt gerade zeigt? Es muss nichts Großes sein – vielleicht ist es eine leichte Unruhe, eine Wärme im Brustraum, eine sanfte Freude oder eine unterschwellige Anspannung.
4. Stelle dir vor, dieses Gefühl ist eine Welle. Wie bewegt es sich? Ist es sanft oder kraftvoll? Steigt es an oder ebbt es langsam ab?
5. Atme sanft mit der Welle mit. Lass das Gefühl da sein, ohne es zu verändern. Spüre, wie es sich auf natürliche Weise wandelt, vielleicht sanfter wird, sich auflöst oder eine neue Form annimmt.
6. Beobachte, was geschieht. Gibt es Bilder, Erinnerungen oder Gedanken, die sich mit diesem Gefühl zeigen? Lass sie vorbeiziehen wie Wolken am Himmel.

7. Beende die Übung langsam. Vertiefe deinen Atem, bewege deine Finger und Zehen. Kehre sanft ins Hier und Jetzt zurück.
8. Diese Praxis hilft dir, deine Gefühle wahrzunehmen, ohne von ihnen überwältigt zu werden. Mit der Zeit lernst du, dass jede Emotion wie eine Welle ist: Sie kommt, erreicht ihren Höhepunkt – und vergeht wieder. Wenn wir uns erlauben, diesen natürlichen Zyklus zu erleben, ohne gegen ihn anzukämpfen, wird unser Stresstoleranzfenster auf ganz natürliche Weise größer.

IMPULS FÜR DEN JULI

Der Juli erinnert dich an das, was in dir fühlt. Vielleicht ist dieser Monat eine Einladung, dein Herz weiter zu öffnen – für das, was dich berührt, was dich erinnert, was dich trägt. Gefühle müssen nicht erklärt werden, sie möchten gespürt werden. Du darfst weich sein. Du darfst ehrlich sein. Du darfst verbunden sein – mit dir, deinen Wurzeln, deinem inneren Zuhause.

Manifestationsimpuls

Wenn du im Juli Entscheidungen triffst, frage dich nicht zuerst, was richtig ist, sondern: Was fühlt sich wahr an? Vielleicht möchtest du dir erlauben, in diesem Monat nicht schneller zu werden, sondern näher. Nähe zu dir. Nähe zu den Menschen, die dich nähren. Nähe zu deiner inneren Stimme. Manifestation geschieht, wenn du dich traust, deine Gefühle nicht länger zu kontrollieren, sondern ihnen Raum gibst, sich durch dich zu entfalten. Was immer du erschaffen möchtest: Lass es aus dem Herzen fließen.

31. Dezember

8. RAUHNACHT

August des neuen Jahres

Die Kraft meiner Einzigartigkeit (Solarplexus)

Strahlen • Kreativität • meine Bühne betreten • Ich sein • Selbstbewusstsein • Kraft

Ich trete bewusst ins Licht meines Lebens. Ich erkenne meine Kreativität, meine Ausstrahlung und meine innere Kraft.

Diese Rauhnacht fällt auf einen besonderen Tag: den Jahreswechsel. Heute endet ein altes Jahr, ein neuer Zyklus beginnt. Es ist der Moment, in dem wir zurückblicken und nach vorne schauen, uns fragen: Wer bin ich? Und wer will ich im neuen Jahr sein?

Das Thema dieser Nacht ist das Strahlen – nicht das oberflächliche „Sich-Zeigen", sondern das tiefe, authentische Leuchten aus unserer Mitte heraus. Es geht darum, auf unsere innere Bühne zu treten, unsere Kreativität zu entfalten und in unsere eigene Kraft zu kommen. Jeder Mensch hat eine einzigartige Energie, ein inneres Feuer, das ihn ausmacht. Doch viele von uns haben gelernt, dieses Feuer zu dimmen. Vielleicht, weil es einmal zu hell geleuchtet hat und andere sich daran gestoßen haben. Vielleicht, weil wir Angst hatten aufzufallen. Vielleicht, weil wir geglaubt haben, dass es sicherer ist, sich anzupassen. Doch heute ist der Moment, das eigene Licht wieder anzunehmen. Nicht als Ego-Inszenierung, sondern als bewusste Selbstverwirklichung.

Was bedeutet es, auf meine innere Bühne zu treten?

- Es bedeutet, meine Stimme zu erheben und mich auszudrücken.
- Es bedeutet, meine Kreativität nicht zu verstecken, sondern ihr Raum zu geben.

- Es bedeutet, mich selbst nicht mehr zurückzunehmen, um anderen zu gefallen.
- Es bedeutet, mir selbst zu erlauben, gesehen zu werden – so, wie ich wirklich bin.

Selbstbewusstsein ist kein lautes „Hier bin ich!“, sondern ein tiefes Wissen in sich selbst: „Ich bin. Und das genügt.“ Was, wenn dieses neue Jahr zu deiner ganz eigenen Lebensbühne wird, in der du bestimmst, welche Rollen du einnimmst und welche weiteren Akteur*innen mit dir auf der Bühne stehen?

Kreativität als Ausdruck der eigenen Essenz

Das Solarplexus-Chakra ist der Sitz unserer Kraft und unseres individuellen Ausdrucks. Hier entsteht unser Selbstbewusstsein, unser Wille, unser Mut. Es ist auch das Zentrum der Kreativität – nicht nur im künstlerischen Sinne, sondern in der Art und Weise, wie wir unser Leben gestalten. Kreativität bedeutet nicht nur, zu malen oder Musik zu machen. Sie zeigt sich in jeder Entscheidung, die wir aus unserer eigenen Wahrheit heraus treffen. In jedem Moment, in dem wir unser Leben bewusst gestalten, anstatt es von äußeren Erwartungen bestimmen zu lassen. Heute kannst du dich fragen:

- Wo erlaube ich mir, kreativ zu sein – nicht nur im klassischen Sinne, sondern in der Gestaltung meines Lebens?
- Wo halte ich mich noch zurück?
- Wie würde es sich anfühlen, meine Kreativität ohne Angst vor Bewertung oder Perfektionismus auszudrücken?

Oft blockieren wir unseren kreativen Fluss, weil wir unbewusst auf die Meinung anderer Rücksicht nehmen. Doch Kreativität braucht Freiheit. Sie braucht die Erlaubnis, unvollkommen zu sein. Sie braucht Mut, sich auszuprobieren – ohne Angst vor Fehlern oder Kritik. Diese Rauhnacht lädt dich ein, in deine eigene Schöpferkraft einzutreten. Nicht nur in Gedanken, sondern durch konkrete, kleine Handlungen. Vielleicht magst du heute etwas schreiben, malen, tanzen – oder einfach eine bewusste Entscheidung treffen, die dein Leben ein Stück mehr zu deinem eigenen macht.

REFLEXIONSFRAGEN ZUR 8. RAUHNACHT

1. In welchen Momenten fühle ich mich wirklich selbstbewusst?
2. Wo halte ich mich noch zurück, aus Angst vor Ablehnung oder Kritik?
3. Welche kreative Kraft schlummert in mir, die ich mir (noch) nicht erlaube auszuleben?
4. Welche Rolle spiele ich in meinem Leben – und welche möchte ich bewusster gestalten?
5. Was bedeutet es für mich, mein Licht nicht mehr zurückzuhalten, sondern es leuchten zu lassen?

Körperprozess

WELCHE ROLLEN SPIELE ICH?

Jeder von uns trägt verschiedene Rollen: Kind, Partner*in, Freund*in, Elternteil, Kolleg*in, Schüler*in des Lebens. Manche dieser Rollen haben wir bewusst gewählt, andere wurden uns von außen zugewiesen. Doch oft geschieht es, dass wir uns mit unseren Rollen identifizieren, ohne zu hinterfragen, ob sie noch wirklich zu uns passen. Wir leben nach Mustern, die uns nicht mehr entsprechen, und fragen uns, warum wir uns so eingeengt fühlen. Diese Rauhnacht ist eine Einladung, deine Rollen zu reflektieren: Welche Rolle spiele ich in meinem Leben – freiwillig und mit Freude? Welche Rolle hat sich verselbstständigt, ohne dass ich sie bewusst gewählt habe? Wo spüre ich, dass es Zeit ist, eine neue Rolle einzunehmen oder eine alte abzugeben? Wie die Sonne, die sich nicht entschuldigt, wenn sie scheint, darfst auch du dich zeigen – in deiner vollen Kraft, in deinem natürlichen Licht. Dein Strahlen braucht keine Erlaubnis, nur dein inneres Ja.

Manchmal erfordert es Mut, eine Rolle loszulassen, die uns lange vertraut war. Doch das neue Jahr schenkt uns die Möglichkeit, unsere Bühne neu zu gestalten. Welche Geschichte möchtest du erzählen? Wer willst du in deinem eigenen Leben sein?

1. Finde eine ruhige Position im Sitzen oder Liegen.
2. Schließe deine Augen und atme bewusst tief ein und aus.
3. Lass vor deinem inneren Auge verschiedene Rollen auftauchen, die du im Alltag einnimmst. Vielleicht siehst du dich als Tochter, als Chef*in, als Freund*in, als Heiler*in. Vielleicht kommen auch ganz andere Bilder.
4. Spüre in jede dieser Rollen hinein. Welche fühlt sich leicht und frei an? Welche trägt Schwere oder Druck in sich?
5. Stell dir vor, du könntest die Rollen, die dich einengen, für einen Moment ablegen – wie eine Maske oder ein Kostüm.
6. Spüre, was übrig bleibt, wenn keine Rolle mehr auf dir liegt. Was bleibt von dir, wenn du einfach nur bist?
7. Lass dieses Gefühl der puren Präsenz in dir größer werden.
8. Wenn du bereit bist, öffne langsam deine Augen und bewege sanft deinen Körper.

Dieses Ritual kann dir helfen, bewusster mit den Rollen umzugehen, die du trägst – und mutiger zu entscheiden, welche du im neuen Jahr leben möchtest. Diese Rauhnacht erinnert dich daran, dass das Leben deine Bühne ist. Du darfst gestalten, du darfst dich ausdrücken, du darfst leuchten. Die Frage ist nicht, ob du strahlen darfst, sondern ob du es dir erlaubst.

IMPULS FÜR DEN AUGUST

Der August erinnert dich an das, was in dir strahlen will. Vielleicht wirst du in diesem Monat eingeladen, dich zu zeigen – mit deiner Kraft, deiner Kreativität, deinem Wesenskern. Nicht angepasst, nicht perfekt – sondern echt. Dein Licht muss nichts beweisen. Es genügt, dass es da ist.

Manifestationsimpuls

Vielleicht spürst du im August den Wunsch, dich nicht länger hinter Rollen oder Erwartungen zu verstecken. Was, wenn du dich selbst zum Mittelpunkt deines Tuns machst, nicht aus Ego, sondern aus Verantwortung für deine Einzigartigkeit? Manifestation heißt in diesem Monat: den Platz einzunehmen, der dir zusteht. Ein Projekt zu beginnen, das dich begeistert. Eine Entscheidung zu treffen, die dich auf deine innere Bühne bringt. Nicht um Applaus zu bekommen, sondern um dir selbst treu zu sein. Du darfst gestalten. Du darfst leuchten. Du darfst du sein.

1. Januar

9. RAUHNACHT

September des neuen Jahres

Fokus auf das Wesentliche (Halschakra)

Dem großen Ganzen dienen • das Wesentliche erkennen
Reduktion auf das Essenzielle • Fülle

*Ich erkenne, was wirklich zählt.
Ich fokussiere mich auf das Wesentliche und gebe ihm Raum in meinem Leben.*

Mit dem ersten Tag des neuen Jahres erwacht eine neue Energie. Die Schwelle ist überschritten, das Alte verabschiedet. Diese Rauhnacht lädt uns ein, uns auf das Wesentliche zu konzentrieren: auf das, was wirklich Bestand hat. Wir leben in einer Welt, die oft von zu viel geprägt ist: zu viele Gedanken, Ablenkungen oder Möglichkeiten. Dieses „Zuviel" kann uns davon abhalten, klar zu erkennen, was wirklich zählt. Es kann unsere innere Stimme leiser werden lassen und uns den Fokus rauben. Doch wahre Fülle entsteht nicht aus Anhäufung, sondern aus Klarheit. Fülle ist nicht die Menge an Dingen, die wir besitzen, sondern die Essenz dessen, was uns erfüllt.

Diese Rauhnacht ist eine Einladung zu reduzieren. Nicht aus Mangel, sondern aus Bewusstheit. Frage dich, was du wirklich brauchst, was bleiben und was gehen darf. Reduktion ist keine Verarmung, sondern eine Verfeinerung. Je klarer unser Fokus, desto leichter wird unser Sein. Stell dir vor, du durchquerst einen dichten Wald und findest plötzlich eine Lichtung. Alles wird weit, klar, reduziert aufs Wesentliche. Genau so wirkt innere Klarheit: Sie schafft Raum – nicht durch mehr, sondern durch das, was du weglässt.

Dem großen Ganzen dienen – Die Balance zwischen Geben und Sein

Wenn wir reduzieren, schaffen wir Raum. Raum für das, was wirklich wichtig ist. Raum für unsere Wahrheit. Raum, um zu erkennen, wo unsere Aufgabe im Leben liegt. Dem großen Ganzen, zu dienen bedeutet nicht, sich aufzuopfern. Es bedeutet, die eigene Essenz in die Welt zu bringen. Jede*r von uns trägt eine einzigartige Gabe in sich. Doch oft verpassen wir es, sie wirklich zu leben, weil wir von zu vielen unwesentlichen Dingen eingenommen sind. In dieser Rauhnacht darfst du dich fragen: Was ist meine wahre Essenz? Wo kann ich meine Kraft sinnvoll einsetzen?

Diese Fragen bringen uns in Verbindung mit unserer Aufgabe. Sie helfen uns zu erkennen, was wir aus Liebe geben können – nicht aus Druck oder Erwartung. Und dann gibt es noch eine tiefere Frage: Wie kann mir dieses Jahr dienen, damit ich meine Essenz in die Welt bringen kann? Stell dir vor, die kommenden 365 Tage sind ein Raum, in dem du dich selbst verwirklichen darfst. Wenn das Jahr ein leeres Buch wäre – was würdest du hineinschreiben?

Jeden Tag eine neue Seite, die du mit Leben, mit Liebe, mit Bewusstsein füllst.

Jede Entscheidung ein Satz, der die Richtung vorgibt.

Jede Handlung eine neue Zeile, die das große Bild formt.

Diese Rauhnacht hilft dir, den Fokus zu finden – ganz ohne Schnickschnack und Schnörkel. In einer Welt voller Reize und Möglichkeiten ist es eine leise, aber kraftvolle Kunst, sich auf das Wesentliche auszurichten. Es geht nicht darum, mehr zu tun, mehr zu wissen oder mehr zu erreichen. Es geht darum, still genug zu werden, um zu hören, was in deinem Innersten wirklich ruft. Diese Rauhnacht lädt dich ein zu lauschen:

- Welche Qualitäten tragen dich durch dein Leben, auch wenn alles andere vergeht?
- Was bleibt, wenn du nicht mehr leisten, nicht mehr beeindrucken, nicht mehr erfüllen musst?

Das Wesentliche ist immer einfach. Es trägt Klarheit in sich, wie der stille Nachthimmel oder das sanfte Strahlen einer Kerzenflamme. Vielleicht spürst du heute, dass das, was wirklich zählt, nicht laut ist, sondern still, kraftvoll und tief in dir verwurzelt.

REFLEXIONSFRAGEN ZUR 9. RAUHNACHT

1. Was ist das Wesentliche in meinem Leben – was trägt mich wirklich?
2. Wo lenkt mich Unwesentliches ab?
3. Welche Bereiche meines Lebens rufen nach Reduktion und Klarheit?
4. Was bedeutet Fülle für mich?
5. Wie kann ich dem großen Ganzen dienen, ohne mich selbst zu verlieren?
6. Wenn das kommende Jahr ein leeres Buch wäre – was würde ich auf die ersten Seiten schreiben?

Körperprozess

SICH SELBST WERTSCHÄTZEND BEGEGNEN

Wertschätzung beginnt in uns selbst. Bevor wir anderen mit Klarheit und Liebe dienen können, müssen wir lernen, uns selbst in dieser Haltung zu begegnen. Diese Übung hilft dir, bewusst in Verbindung mit deiner eigenen Essenz zu kommen und deine Selbstwahrnehmung zu stärken.

1. Finde eine bequeme Sitz- oder Liegeposition.
   Schließe deine Augen und nimm einige tiefe Atemzüge. Spüre, wie dein Körper vom Atem sanft bewegt wird.
2. Bringe deine Hände auf dein Herz.
   Spüre die Wärme, die von deinen Händen ausgeht. Lass dich in diesen Moment hineinfallen.
3. Lenke deine Aufmerksamkeit auf das Gefühl der Selbstwahrnehmung.
   Frage dich: Wie begegne ich mir selbst? Mit Wertschätzung oder mit Kritik?
4. Spreche wertschätzende Worte zu dir selbst.
   Wähle bewusst Sätze, die dein Wesen ehren. Zum Beispiel:

   „Ich bin genug, genau so, wie ich bin."

   „Ich bin wertvoll, unabhängig von Leistung oder Erwartungen."

   „Ich verdiene es, in meiner Essenz zu strahlen."

5. Spüre, wie sich dein Körper darauf einlässt.
6. Vielleicht nimmst du eine innere Weite wahr. Vielleicht tauchen auch Widerstände auf. Alles ist willkommen. Lass die Worte sanft in dir nachklingen.
7. Beende die Übung mit Dankbarkeit.
8. Lege deine Hände sanft auf deine Beine oder an deine Seiten und atme noch einige Momente in diesem Raum der Wertschätzung.
9. Diese Übung kann dir helfen, mehr Bewusstsein für deinen inneren Dialog zu entwickeln. Sie erinnert dich daran, dass wahre Fülle nicht im Außen beginnt, sondern in deiner inneren Haltung dir selbst gegenüber. Die 9. Rauhnacht schenkt dir die Möglichkeit, alles Unwesentliche loszulassen – und dich selbst in deiner tiefsten Wahrheit zu erkennen. Denn das Wesentliche ist nicht das, was du tust, sondern das, was du bist.

IMPULS FÜR DEN SEPTEMBER

Der September erinnert dich an die Kraft der Klarheit. Vielleicht zeigt sich in diesem Monat, dass du nicht mehr brauchst, sondern weniger. Weniger Ablenkung, weniger Müssen, weniger Vergleichen. Was bleibt, wenn du nur noch das in deinem Leben behältst, was dich wirklich trägt? Reduktion ist kein Verlust. Sie ist der Weg zurück zu dem, was zählt.

Manifestationsimpuls

Im September beginnt ein neues Kapitel. Vielleicht möchtest du diesen Monat nicht damit verbringen, mehr zu tun – sondern bewusster zu wählen. Was ist die Essenz dessen, was du in die Welt bringen möchtest? Was wäre, wenn du deine Kraft nicht mehr verstreust, sondern bündelst? Manifestation heißt: Den Fokus auf das legen, was dich nährt – und den Mut haben, das andere loszulassen. Du brauchst nicht alles. Du brauchst nur das, was wahr ist.

2. Januar

10. RAUHNACHT

Oktober des neuen Jahres

In Verbindung sein (Herzchakra)

Harmonie • Beziehung • Verbindung

Ich erkenne, dass wahre Harmonie in mir beginnt. Ich erlaube mir, mich in tiefer Verbindung mit mir selbst und anderen zu fühlen.

Jeder Mensch ist in Beziehungen eingebunden – zu sich selbst, zu anderen, zur Natur, zum Leben. Beziehungen sind das Gewebe, aus dem unsere Erfahrungen gewoben sind. Sie nähren uns, fordern uns heraus, lassen uns wachsen. Doch wahre Verbindung beginnt immer in uns selbst. Diese Rauhnacht lädt dich ein, deine Beziehungen mit neuen Augen zu betrachten – zu anderen und zu dir selbst: Wie begegnest du dir? Mit Sanftheit oder mit Strenge? Mit Annahme oder mit Ablehnung?

Das Herzchakra ist das Zentrum der Liebe und Verbundenheit. Es ist der Raum, in dem sich Beziehungen formen und heilen können. Wenn wir hier in Balance sind, können wir offen und authentisch in Verbindung treten – ohne uns selbst zu verlieren. Doch oft tragen wir unbewusste Muster in uns, die unsere Beziehungen prägen. Vielleicht suchen wir Harmonie im Außen, weil wir sie in uns selbst nicht spüren. Vielleicht passen wir uns zu sehr an, um Konflikte zu vermeiden, oder ziehen uns zurück, aus Angst, verletzt zu werden. Diese Rauhnacht lädt dich ein, hinter deine eigenen Beziehungsdynamiken zu blicken:

- Wo wünsche ich mir mehr echte Verbindung – mit mir selbst oder mit anderen?
- Welche Beziehungen nähren mich?

- Wo versuche ich, Harmonie zu erzwingen, anstatt sie wachsen zu lassen?

Wahre Harmonie entsteht nicht durch Kontrolle oder Anpassung, sondern durch Authentizität. Sie ist kein fixer Zustand, sondern ein Fluss – mal bewegt, mal ruhig, doch immer lebendig. Sie fließt, wenn sie Raum hat. Wenn du versuchst, sie zu kontrollieren, staut sie sich. Doch wenn du den Lauf des Wassers respektierst, findest du in der Bewegung Ruhe.

Sichere Beziehungen – Die innere Basis für Verbindung

Beziehungen können erst nährend sein, wenn wir in sicherer Verbindung mit uns selbst sind. Denn unsere tiefsten Muster entstehen in den ersten Bindungen unseres Lebens. Haben wir gelernt, dass wir geliebt werden, wenn wir Erwartungen erfüllen? Haben wir erfahren, dass wir sicher sind, wenn wir uns anpassen? Oder durften wir uns so zeigen, wie wir sind? Diese frühen Prägungen bestimmen oft unbewusst, wie wir heute in Beziehung treten. Doch wir können diese Muster verändern, indem wir uns selbst zur sicheren Bezugsperson werden. Diese Rauhnacht setzt hier an:

- Wie kann ich mir selbst Sicherheit geben?
- Wo suche ich noch im Außen, was ich mir im Inneren schenken kann?
- Welche Gesten der Selbstfürsorge nähren meine Beziehung zu mir selbst?

Wenn wir uns selbst in unserer Tiefe annehmen, verändert sich alles. Wir müssen nicht mehr nach Liebe suchen – wir sind Liebe. Das Herzchakra als die Mitte unseres Energiesystems spielt dabei eine besondere Rolle: Es verbindet das Oben mit dem Unten, das Geistige mit dem Körperlichen, das Individuelle mit dem Universellen. Ein offenes Herzchakra erlaubt uns, Liebe zu geben und zu empfangen – ohne Angst, ohne Bedingung. Doch oft tragen wir Schutzmechanismen in uns. Vielleicht haben wir unser Herz verschlossen, um uns vor Schmerz zu bewahren. Oder wir halten uns zurück, aus Angst, zu viel oder nicht genug zu sein. Diese Rauhnacht erinnert dich daran, dass Liebe keine Leistung ist. Sie ist ein Zustand des Seins. Wenn du dich in deiner Tiefe annimmst, strahlst du diese Annahme auch in die Welt hinaus.

REFLEXIONSFRAGEN ZUR 10. RAUHNACHT

1. Wie gestalte ich meine Beziehung zu mir selbst?
2. Wo wünsche ich mir tiefere, authentische Verbindung?
3. Welche Muster prägen meine Art, in Beziehungen zu treten?
4. Wie kann ich mir selbst mehr Liebe und Sicherheit schenken?
5. Was bedeutet Harmonie für mich – und wo verwechsle ich sie mit Anpassung?

Körperprozess

DEIN HERZ FÜR DICH SELBST ÖFFNEN

Diese Übung lädt dich ein, in eine zarte, bewusste Verbindung mit deinem eigenen Herzen zu treten – als Grundlage für echte Verbindung im Außen.

1. Finde eine bequeme Sitz- oder Liegeposition, in der du dich getragen fühlst. Lass deine Wirbelsäule aufgerichtet sein – weich und lebendig.
2. Schließe sanft deine Augen oder lass deinen Blick weich werden. Atme einige Male tief in deinen Brustraum ein und aus – spüre, wie dein Herzraum sich mit jedem Atemzug sanft weitet.
3. Bringe nun beide Hände auf deinen Herzbereich, sodass sich deine Daumen leicht berühren – wie die Flügel eines Schmetterlings, die sich an ihrer Mitte berühren.
4. Klopfe ganz sanft und rhythmisch mit den Fingerspitzen auf deinen Herzbereich. Nicht fest, sondern wie ein leises, liebevolles Anklopfen:

   „Ich bin hier."

   „Ich bin für mich da."

5. Lass deinen Atem ruhig weiterfließen.
   Spüre die sanften Impulse, die dein Körper empfängt.
   Mit jedem leichten Klopfen öffnest du deinen inneren Raum ein kleines Stück mehr – für dich selbst, für dein eigenes Dasein, für dein Herz.
6. Wenn du möchtest, sprich innerlich im Rhythmus deines Atems: Einatmen – „Ich bin hier." Ausatmen – „Ich bin für mich da."
7. Verweile einige Minuten in diesem liebevollen Kontakt mit dir selbst.
8. Wenn du spürst, dass dein Herzraum sich ein wenig mehr geöffnet hat, lass die Hände still auf deinem Brustkorb ruhen. Atme noch einige Male bewusst in diesen Raum hinein.

9. Zum Abschluss flüstere dir innerlich zu:
„Ich erlaube mir, mich selbst in Liebe zu halten."
10. Verweile noch einen Moment in dieser sanften Präsenz, bevor du langsam und achtsam in den Alltag zurückkehrst.

Impuls für den Oktober

Der Oktober bringt dich zurück in Beziehung – zu dir selbst, zu anderen, zum Leben. Vielleicht ist dies der Monat, in dem du erkennst: Echte Verbindung entsteht nicht durch Anpassung, sondern durch Nähe. Nicht durch Kontrolle, sondern durch Vertrauen.

Vielleicht darfst du deine Beziehungsmuster neu betrachten – nicht um den perfekten Partner zu haben oder zu suchen, sondern um echte Verbindung zu kultivieren.

Manifestationsimpuls

Im Oktober wird sichtbar, was im Herzen gereift ist. Vielleicht möchtest du genau jetzt bewusst Verbindungen stärken, die dich nähren – und loslassen, was dich auszehrt. Manifestation bedeutet in diesem Monat: Deinem Herzen zu glauben. Deine Bedürfnisse nicht zu relativieren, sondern ihnen Raum zu geben. Und dich selbst nicht mehr zu verlieren in der Beziehung zu anderen, sondern aus der Verbindung zu dir herauszulieben. Was wäre, wenn Harmonie kein Ziel ist, sondern ein natürlicher Zustand, wenn du ganz bei dir bist?

3. Januar

11. RAUHNACHT

November des neuen Jahres

Die Kraft der Wandlung (Wurzelchakra)

Transformation · Veränderung · Schattenarbeit · Leidenschaft · Tiefe

Ich erkenne, dass wahre Transformation Mut erfordert. Ich lasse das Alte los, um Raum für das Neue zu schaffen.

Diese Rauhnacht ist eine der tiefsten und intensivsten im gesamten Zyklus. Sie steht für den Wandel, für das Loslassen des Alten und das bewusste Eintreten in eine neue Phase. Transformation ist ein Prozess, der uns aus der Komfortzone herausführt – hinein in das Unbekannte, wo wir unser altes Selbst hinter uns lassen, um eine tiefere Wahrheit zu entdecken.

Wahre Veränderung geschieht nicht im Außen, sondern in uns. Sie beginnt dort, wo wir bereit sind hinzusehen – in unsere Schatten, unsere Ängste, unsere alten Muster. Doch oft halten wir an dem fest, was uns eigentlich nicht mehr dient. Wir klammern uns an das Vertraute, selbst wenn es uns kleinhält.

Warum? Weil das Bekannte uns eine scheinbare Sicherheit gibt. Doch Sicherheit entsteht nicht aus Stillstand – sie wächst aus dem Vertrauen, dass wir uns selbst halten können, egal was kommt.

Diese Rauhnacht lädt dich ein, dich dem Prozess der tiefen Wandlung hinzugeben. Nichts in der Natur bleibt ewig gleich. Der Baum verliert seine Blätter, um im Frühjahr neu zu erblühen. Die Raupe stirbt in ihrer alten Form, um als Schmetterling geboren zu werden. Und auch in dir gibt es Aspekte, die jetzt gehen dürfen. Was in dir ist bereit, sich zu wandeln? Welche alte Haut darfst du abstreifen, um in deine wahre Kraft zu treten?

Schattenarbeit – Der Mut, sich selbst in der Tiefe zu begegnen

Transformation geschieht oft durch die Auseinandersetzung mit unseren Schatten. Die Teile von uns, die wir lange unterdrückt oder verdrängt haben, weil sie uns zu unbequem oder zu schmerzhaft erschienen. Genau in diesen Schatten liegt unsere größte Kraft. Denn was passiert, wenn wir unsere Schatten nicht ansehen? Sie wirken aus dem Verborgenen, beeinflussen unser Denken, Fühlen und Handeln. Sie halten uns in alten Mustern gefangen. Doch wenn wir den Mut haben, sie bewusst zu integrieren, wird aus dem Schatten ein Teil unseres Potenzials. Heute darfst du dich fragen: Welche Muster oder Glaubenssätze wiederholen sich in meinem Leben? Gibt es Anteile in mir, die ich ablehne oder nicht sehen will? Wo blockiere ich mich selbst, aus Angst vor Veränderung? Die tiefste Form der Heilung geschieht, wenn wir erkennen: Wir müssen nichts verdrängen, um ganz zu sein. Jeder Teil von uns gehört dazu – auch die Anteile, die uns herausfordern.

Transformation ist nicht nur das Loslassen des Alten – es ist auch das Entfachen eines neuen Feuers. In dieser Nacht darfst du dich mit deiner Leidenschaft verbinden, mit dem, was dich lebendig macht, was in dir brennt. Wenn du alles loslassen würdest, was dich zurückhält – wofür würdest du dieses neue Feuer nutzen? Welche Vision, welche Kraft möchte durch dich geboren werden? Wahre Veränderung geschieht nicht durch Druck, sondern durch eine tiefe innere Entscheidung. Die Entscheidung, dich selbst nicht mehr kleinzuhalten. Die Entscheidung, das zu leben, was in dir angelegt ist.

Diese Rauhnacht ist tief mit dem Wurzelchakra verbunden – dem Zentrum unserer Erdung und Sicherheit. Denn um Transformation wirklich durchleben zu können, brauchen wir einen stabilen Boden. Hast du das Vertrauen, dass du diesen Boden in dir selbst findest? Dass du dich halten kannst, egal was sich verändert? Das Wurzelchakra lehrt uns: Wir können nur loslassen, wenn wir wissen, dass wir sicher sind.

REFLEXIONSFRAGEN ZUR 11. RAUHNACHT

1. Was bin ich bereit loszulassen, um Platz für das Neue zu schaffen?
2. Welche Schattenaspekte in mir möchten anerkannt und integriert werden?
3. Welche Veränderung ruft mich bereits seit langer Zeit – und was hält mich noch zurück?
4. Wie kann ich meine innere Sicherheit stärken, um Transformation leichter zuzulassen?
5. Welche neue Version meiner selbst möchte geboren werden?

Körperprozess

DIE GRABREDE: FREIHEIT DURCH ABSCHIED

Diese Übung ist ein kraftvolles Ritual, um bewusst Abschied zu nehmen von dem, was nicht mehr zu dir gehört. Es ist eine symbolische „Grabrede“ für alte Muster, alte Geschichten und begrenzende Anteile, die du nun loslassen darfst.

1. **Finde einen ruhigen, geschützten Ort.**
   Nimm dir Zeit, um bewusst in diesen Prozess einzutauchen. Setze dich bequem hin, schließe die Augen und nimm einige tiefe Atemzüge.

2. **Schreibe eine Grabrede für das, was du loslassen möchtest.**
   Stelle dir vor, dass du dich von alten Mustern, Ängsten oder Begrenzungen verabschiedest, als würdest du eine Trauerrede halten.
   - Was hat dich dieses Muster gelehrt?
   - Wie hat es dich geprägt?
   - Warum darf es nun gehen?

   Schreibe intuitiv und aus dem Herzen. Vielleicht möchtest du einen Brief formulieren oder eine symbolische Abschiedsrede schreiben.

3. **Sprich deine Worte laut aus.**
   Wenn du bereit bist, lies deine Grabrede laut vor. Erlaube dir, die Worte wirklich zu fühlen. Vielleicht kommen Emotionen hoch – das ist gut. Es bedeutet, dass du wirklich loslässt.

4. **Verbrenne oder vergrabe deine Worte.**
   Wenn du möchtest, kannst du das geschriebene Papier anschließend verbrennen und die Asche in die Erde geben – als Symbol für den natürlichen Kreislauf der Transformation. Oder du vergräbst es an einem Ort, an dem du bewusst Abschied nehmen möchtest.

5. **Atme tief ein und spüre die neue Leere.**
   Diese Leere ist kein Verlust – sie ist Raum für das Neue. Spüre, wie dein Körper sich leichter anfühlt, wie du befreiter atmest.

6. **Setze eine neue Intention.**
   Frage dich: Was möchte ich stattdessen in mein Leben einladen? Welche Energie darf nun Raum nehmen?

Diese Übung ist kraftvoll, weil sie den Prozess der Transformation in eine bewusste Handlung bringt. Sie macht sichtbar, was oft nur innerlich geschieht. Und sie hilft dir, nicht nur mental, sondern auch körperlich loszulassen. Denn wahre Veränderung geschieht erst dann, wenn wir bereit sind, das Alte wirklich zu verabschieden.

IMPULS FÜR DEN NOVEMBER

Der November trägt die Kraft der Wandlung in sich. Vielleicht spürst du in diesem Monat, dass etwas in dir bereit ist, sich zu verändern – nicht oberflächlich, sondern tief.

Wie die Natur, die sich zurückzieht, um neu zu erblühen, darfst auch du alte Schichten abwerfen, um näher an deine Essenz zu kommen. Veränderung geschieht nicht, weil du sie willst. Sie geschieht, wenn du bereit bist, dich zu erinnern, wer du darunter wirklich bist.

Manifestationsimpuls

Im November beginnt deine nächste Version nicht mit einem Ziel, sondern mit einem Loslassen. Vielleicht möchtest du diesen Monat nutzen, um bewusst Raum zu schaffen: für eine neue Wahrheit, eine tiefere Kraft, ein echtes Brennen. Manifestation bedeutet hier: Nicht etwas aufzubauen, sondern etwas abzulegen. Nicht zu pushen, sondern innerlich zuzustimmen. Was darf gehen, damit deine innere Flamme wieder aufleuchten kann? Wähle nicht, was du haben willst – wähle, wer du sein möchtest, wenn du dich nicht langer zuruckhaltst.

4. Januar

12. RAUHNACHT

Dezember des neuen Jahres

Die Klarheit des Geistes (Stirnchakra)

Weisheit • Bewusstsein • Glaube an das Gute • Positivität • Toleranz

Ich öffne mich für die Weisheit in mir und um mich. Ich wähle den Glauben an das Gute.

Diese letzte Rauhnacht ist der Abschluss eines tiefen Wandlungsprozesses. Sie öffnet das Tor in das neue Jahr – nicht mit einer einzelnen Entscheidung, sondern mit einer inneren Haltung: Wie wollen wir das kommende Jahr erleben? Stell dir vor, das Jahr ist wie ein langer Fluss, der durch viele Landschaften führt. Am Ende mündet er in einen stillen See – klar, weit, offen. Diese letzte Rauhnacht ist wie das Ufer dieses Sees. Du stehst da, schaust zurück – und zugleich in die Weite vor dir. Alles, was du erlebt hast, hat dich hierhergeführt. Jetzt darfst du loslassen, was dich beschwert – und mit einer klaren, offenen Seele ins neue Wasser treten. Hier geht es nicht um konkrete Vorsätze oder äußere Ziele. Es geht um den bewussten Blick auf das Leben. Um den Glauben an das Gute, an die eigene Kraft und an das Potenzial, das in jedem neuen Tag steckt.

Das Stirnchakra steht für Bewusstsein, Klarheit und Weitsicht. Es ermöglicht uns, über den Moment hinauszublicken und größere Zusammenhänge zu erkennen. Es hilft uns, nicht nur auf das zu reagieren, was geschieht, sondern aus einer tieferen Weisheit heraus zu handeln. Wenn wir das vergangene Jahr bewusst reflektiert und integriert haben, erkennen wir: Jeder Moment, auch die schwierigen, tragen eine Lektion in sich. Und genau darin liegt die wahre Kraft – in der Fähigkeit, aus Erfahrungen Weisheit zu schöpfen.

Der Glaube an das Gute – Eine Entscheidung für das Leben

Es gibt Menschen, die ihr Leben mit einem tiefen Vertrauen führen – egal, was um sie herum geschieht. Sie sehen in Herausforderungen Möglichkeiten, in Schwierigkeiten Wachstum und in der Zukunft Hoffnung. Dieser Glaube ist keine Naivität, sondern eine bewusste Entscheidung. Gerade in einer Welt, die oft von Angst und Unsicherheit geprägt ist, ist der Glaube an das Gute ein revolutionärer Akt. Es bedeutet nicht, Probleme zu ignorieren, sondern sie aus einer höheren Perspektive zu betrachten. Es bedeutet, bewusst das Licht zu wählen, auch wenn Dunkelheit vorhanden ist.

Diese Rauhnacht lädt dich ein, dir selbst diese Frage zu stellen: Glaube ich an das Gute – in mir, in anderen, in der Welt? Bin ich bereit, mein Leben aus diesem Bewusstsein heraus zu gestalten? Was geschieht, wenn ich mit offenen Augen nach Wundern suche? Denn wer nach Wundern sucht, wird sie finden. Nicht, weil die Welt sich verändert, sondern weil unser Blick auf die Welt sich verändert.

Weisheit und das große Ganze – Die Kunst der Gelassenheit

Weisheit bedeutet, zu erkennen, dass nicht alles kontrolliert werden muss. Dass das Leben immer größer ist als unser Verstand es erfassen kann. Die wirklich weisen Menschen sind oft die, die nicht alles wissen müssen, sondern die sich dem Fluss des Lebens hingeben können. Die nicht in Angst erstarren, sondern ins Vertrauen gehen. Diese Rauhnacht öffnet einen Raum für diese innere Haltung: Kann ich akzeptieren, dass nicht alles in meiner Hand liegt? Bin ich bereit, mich auf das Unbekannte einzulassen? Welche Weisheit hat das letzte Jahr mir geschenkt? Wenn wir das neue Jahr mit dieser Weitsicht beginnen, erschaffen wir ein Fundament, das uns trägt. Nicht, weil wir alles planen oder wissen, sondern weil wir mit einer inneren Stabilität ins Ungewisse gehen.

REFLEXIONSFRAGEN ZUR 12. RAUHNACHT

1. Welche Weisheit nehme ich aus diesen Rauhnächten mit?
2. Welche Grundhaltung möchte ich für das neue Jahr kultivieren?
3. Glaube ich an das Gute – und wenn nicht, was hindert mich daran?
4. Was bedeutet es für mich, dem Leben mit Offenheit und Vertrauen zu begegnen?
5. Welche Wunder habe ich bereits erlebt, die mich daran erinnern, dass das Leben für mich arbeitet?

Körperprozess

WUNDER SCHAFFEN: DEN BLICK VERÄNDERN

Diese Übung lädt dich ein, bewusst in die Schwingung der Fülle, der Möglichkeiten und der Wunder einzutauchen. Es geht darum, das kommende Jahr mit offenen Augen und offenem Herzen zu empfangen.

1. **Bereite dich vor**
   Finde einen ruhigen Platz, an dem du dich wohlfühlst. Nimm dir ein Notizbuch oder ein Blatt Papier zur Hand.

2. **Schließe die Augen und atme tief**
   Nimm dir einen Moment, um in dich hineinzuspüren. Spüre deinen Atem, spüre deinen Körper. Lass alle Gedanken für einen Moment los.

3. **Öffne dich für das Staunen**
   Erinnere dich an einen Moment in deinem Leben, in dem du ein Wunder erlebt hast. Vielleicht war es ein glücklicher Zufall, eine tiefe Erkenntnis, ein unerwartetes Geschenk. Etwas, das dir gezeigt hat, dass das Leben dich führt. Tauche ganz in diese Erinnerung ein. Spüre, wie sich dieser Moment angefühlt hat. Wie dein Körper reagiert hat.

4. **Finde dein eigenes Wunder für das neue Jahr**
   Stell dir vor, dass das nächste Jahr ein Raum voller Möglichkeiten ist. Dass du jeden Tag mit einer Haltung des Staunens betreten kannst. Was wäre, wenn du dieses Jahr nicht nur „überlebst", sondern es als eine Reise voller Wunder erlebst?

5. **Schreibe nun intuitiv auf:**
   - Welches Wunder darf dieses Jahr für mich geschehen?
   - Was ist die schönste Vorstellung davon, was möglich ist?
   - Welche Haltung kann ich einnehmen, um die kleinen Wunder des Alltags bewusster wahrzunehmen?

   Es geht nicht darum, etwas zu erzwingen, sondern sich für die Möglichkeit zu öffnen.

6. **Integriere die Energie der Wunder in deinen Alltag**
Behalte diesen Zettel oder dein Notizbuch an einem Ort, an dem du es immer wieder siehst. Lies deine Worte, wenn du dich im Alltag verlierst. Erinnere dich daran, dass du selbst entscheidest, mit welchem Blick du dein Leben betrachtest. Denn Wunder geschehen immer. Die Frage ist nur, ob wir bereit sind, sie zu sehen.

IMPULS FÜR DEN DEZEMBER

Der Dezember bringt dir den Blick von oben – nicht als Rückzug, sondern als Weitsicht. Vielleicht erkennst du in diesem Monat, dass du nicht alles kontrollieren musst, um vertrauensvoll zu leben. Die Klarheit des Geistes zeigt sich nicht in Antworten, sondern in der Art, wie du Fragen hältst. Dein Jahr darf getragen sein – von einer inneren Haltung, die größer ist als jedes Ziel.

Manifestationsimpuls

Im Dezember beginnt die wahre Manifestation nicht mit Tun, sondern mit Bewusstsein. Vielleicht möchtest du diesen Monat dazu nutzen, deine Haltung zu klären: Mit welchem Blick begegnest du dem Leben? Was, wenn du dich entscheidest, das Gute zu erwarten – nicht als naiver Wunsch, sondern als kraftvolle Ausrichtung? Manifestation bedeutet jetzt: Nicht mehr festzuhalten, sondern zu vertrauen. Nicht aus Angst zu planen, sondern aus innerem Wissen zu empfangen. Vielleicht geschieht das größte Wunder, wenn du bereit bist, es überhaupt für möglich zu halten.

ABSCHLUSS – DIE REISE GEHT WEITER

Du hast eine tiefgehende Reise durch die Sperr- und Rauhnächte hinter dir. 24 Nächte des Rückblicks, der Integration und des bewussten Neubeginns. Vielleicht fühlt sich etwas in dir anders an – klarer, ruhiger, verbundener. Vielleicht sind neue Fragen aufgetaucht oder alte Antworten verblasst. Nimm dir einen Moment, um bewusst auf diese Reise zurückzublicken:

- Wie hat sich meine Wahrnehmung in diesen Tagen verändert?
- Welche Erkenntnisse haben mich besonders berührt?
- Was nehme ich aus dieser Zeit mit – für mich, für mein Leben?

Jeder bewusste Zyklus hinterlässt Spuren. Auch wenn die Rauhnächte nun enden, bedeutet das nicht, dass diese Erfahrungen vergehen. Sie sind in dir gespeichert – in deinem Körper, in deinem Nervensystem, in deinem Herzen. Doch die eigentliche Magie beginnt jetzt.

Integration – Das Erlebte ins neue Jahr tragen

Die Samen, die du in diesen Nächten gesät hast, brauchen nun Nahrung. Veränderung geschieht nicht nur in der Reflexion, sondern in den kleinen Entscheidungen des Alltags. Vielleicht möchtest du ein Ritual aus den Rauhnächten in dein Leben integrieren, um dich immer wieder mit deiner inneren Stimme zu verbinden. Vielleicht möchtest du achtsam mit deinem Nervensystem arbeiten, um mehr Ruhe und Sicherheit in dir zu verankern. Oder du möchtest bewusst beobachten, wie sich deine Intuition im Laufe des Jahres entfaltet, welche Zeichen sich zeigen und wie du deinen Weg gestaltest.

Doch mehr noch: Was, wenn das Ritual jetzt weitergeht? Was, wenn die wahre Magie sich erst in den kommenden 365 Tagen entfaltet? Die Rauhnächte sind nicht nur eine abgeschlossene Zeit im Jahr – sie sind ein lebendiger Prozess, der sich Monat für Monat weiter entfaltet. Alles, was du in diesen Nächten erspürt, reflektiert und manifestiert hast, beginnt jetzt, seinen Platz im Leben zu finden.

Ein Jahr der bewussten Verbindung – Die Rauhnächte als Wegweiser

Ich lade dich ein, diesen Zyklus bewusst weiterzuführen. Betrachte die kommenden zwölf Monate als Fortsetzung dieses heiligen Raumes, den du mit den Rauhnächten geöffnet hast. Jeder Monat ist eine neue Tür – eine Einladung, das Erlebte zu vertiefen, Muster zu erkennen und deinen Weg klarer zu sehen. Wie kannst du das tun?

- Jeden Monat zum Neumond oder zu Monatsbeginn bewusst zurückblicken: Öffne dein Rauhnächte-Tagebuch, lies nach, was du in der jeweiligen Rauhnacht gespürt und geschrieben hast. Vergleiche es mit dem, was dir gerade begegnet. Welche Themen sind präsent? Welche Samen beginnen zu keimen? Welche Erkenntnisse vertiefen sich?
- Beobachte, welche Rauhnacht sich besonders stark im jeweiligen Monat zeigt: Vielleicht erkennst du, dass die Themen, die du im Dezember für den kommenden Mai aufgeschrieben hast, nun ganz konkret in deinem Leben erscheinen. Vielleicht stellst du fest, dass deine damaligen Fragen Antworten gefunden haben – oder dass sich die Antworten verändert haben.
- Das Gesetz von Ursache und Wirkung erkennen: Die Rauhnächte sind der lebendige Beweis dafür, dass jeder Gedanke, jedes Gefühl, jede Entscheidung eine Ursache ist, die später ihre Wirkung zeigt. Was du in diesen zwölf Nächten gesät hast, wird sich in den kommenden Monaten entfalten – manchmal offensichtlich, manchmal auf leisen Pfaden.

Die meisten Menschen leben, ohne zu erkennen, dass sie ihre Realität selbst gestalten. Die Rauhnächte schenken dir das Bewusstsein, diesen Prozess zu beobachten – und aktiv zu lenken. Was, wenn dieses Jahr nicht einfach nur ein weiteres Jahr ist, sondern ein bewusster Raum für deine Verwirklichung? Was, wenn du die nächsten 365 Tage nutzt, um dein innerstes Wesen in die Welt zu bringen – Schritt für Schritt, mit Klarheit und Vertrauen?

Dieses Buch, dieser Prozess, ist keine abgeschlossene Reise. Es ist eine Tür. Eine Einladung, dein Leben mit neuen Augen zu sehen und bewusster durch die Zeit zu gehen. Die Rauhnächte haben dir gezeigt, wie tief du dich selbst erfahren kannst, wenn du dir den Raum dafür gibst. Jetzt ist es an dir, diesen Raum im Alltag zu bewahren. Deine Reise endet nicht hier. Sie beginnt.

Möge das neue Jahr für dich ein Jahr des bewussten Wachsens, der tiefen Verbindung und der gelebten Magie sein.

DANKSAGUNG – EIN DANK AUS TIEFSTEM HERZEN

Ich danke dir von Herzen, dass du diesen Weg mit mir gegangen bist. Dass du dich auf diese Reise eingelassen hast – mit all den Höhen, Tiefen, Erkenntnissen und leisen Momenten dazwischen. Die Sperr- und Rauhnächte sind eine Zeit der Reflexion, des Loslassens und des Neubeginns, und es erfüllt mich mit tiefer Dankbarkeit, dass du dir diesen Raum für dich selbst genommen hast.

Doch kein Weg wird allein gegangen. Es gibt Menschen, die uns begleiten, die uns spiegeln, die uns anfeuern oder uns sanft daran erinnern, wer wir wirklich sind. Und genau diesen Menschen möchte ich meinen Dank aussprechen.

Mein tiefster Dank gilt meinem Mann, der mich seit über 25 Jahren begleitet. Er ist so viel mehr als ein Partner an meiner Seite – er ist ein Lehrmeister, ein Spiegel, in dem ich mich immer wieder erkennen darf, mein Seelenmensch. Er war es, der mich zum ersten Mal spüren ließ, was es bedeutet, wirklich in mir anzukommen. In all den Jahren des Wachsens, Wandelns und Lernens ist er geblieben – mal als sanfter Anker, mal als Sturmböe, die mich herausgefordert hat, mich selbst noch tiefer zu erkennen.

Ich danke unseren Kindern, die mein Leben lebendig machen wie nie zuvor. Sie erinnern mich täglich daran, dass Entwicklung nichts Lineares ist, dass Freude, Chaos und tiefe Verbundenheit oft Hand in Hand gehen. Sie sind meine größte Lektion in Hingabe, Präsenz und bedingungsloser Liebe.

Mein Dank gilt meinem Team, ohne das feinSEIN nicht das wäre, was es heute ist.

Danke, Sonja, Janine, Tanja, Luka, Danielle – und all jene, die diesen Weg mit mir gehen und noch kommen werden. Ihr seid der Herzschlag hinter den Prozessen, die so viele Menschen berühren. Ihr seid die Hände, die halten, die Worte, die begleiten, die Struktur, die trägt.

Danke an alle, die sich von feinSEIN berufen fühlen. An all jene, die sich dazu entschlossen haben, den feinen Unterschied in der Welt zu machen. Die sich zum feinSEIN-Coach oder -Mentor ausbilden lassen und damit ein Licht für andere werden. Ihr verändert die Welt – nicht, indem ihr lauter werdet, sondern indem ihr tiefer geht.

Und zuallerletzt möchte ich mir selbst Danke sagen. Danke diesem einen kleinen Funken, der immer da war. Der mich durch das dunkelste Dunkel getragen hat. In Zeiten, in denen das Leben, das ich heute führen darf, so weit weg von meiner Realität schien, dass ich es mir nicht einmal vorstellen konnte.

Manchmal ist es genau dieser Funke – dieses unerschütterliche Wissen tief in uns –, der uns durchträgt, selbst wenn alles andere fehlt.

Und vielleicht war es genau dieser Funke, der dich auf die Reise durch die Sperr- und Rauhnächte begleitet hat.

Möge er dich weitertragen, dich erinnern und dir den Weg leuchten – in diesem Jahr und darüber hinaus.

Von Herzen,

Tanja

QUELLEN & INSPIRATIONEN

Dieses Buch ist aus gelebter Erfahrung entstanden – getragen von tiefem Lauschen, eigener Transformation und dem jahrelangen Studium traumasensibler Körperarbeit, Beziehungspsychologie und Nervensystemregulation.

Viele der Inhalte wurden nicht im klassischen Sinne zitiert, sondern sind Teil eines integrierten Verständnisses geworden – ein lebendiges Mosaik aus verschiedenen Ansätzen, Denkweisen und inneren Begegnungen.

Besonderen Einfluss auf die Inhalte dieses Buches hatten u. a.:

Dr. Stephen Porges – für seine Polyvagaltheorie und das tiefe Verständnis des autonomen Nervensystems

Deb Dana – für ihre alltagstaugliche Übersetzung der Polyvagaltheorie und ihre Arbeit zur Selbstregulation

Dr. Daniel J. Siegel – für das SIFT-Modell und sein umfassendes neurobiologisches Verständnis innerer Prozesse

Verena König – für ihre traumasensible Sprache, ihre Arbeit zur Integration und ihr feines therapeutisches Wirken

Darüber hinaus ist dieses Werk geprägt von Gesprächen, Fortbildungen, somatischen Erfahrungen, innerer Praxis und intuitivem Spüren – inspiriert von vielen Lehrer*innen, Klient*innen, Kolleg*innen und Momenten tiefer Rückverbindung.

Ich danke allen, die auf ihre Weise Teil dieses Buches sind – bewusst oder unbewusst.

Die feinste Wahrheit entsteht dort, wo Wissen verkörpert wird.

IMPRESSUM

Bibliografische Information der Deutschen Bibliothek.

Die Deutsche Bibliothek verzeichnet diese Publikation in der Deutschen Nationalbibliografie.

Detaillierte bibliografische Daten sind im Internet über http://www.dnb.de/ abrufbar.

Bei Fragen zur Produktsicherheit wenden Sie sich an:

Edition Michael Fischer GmbH
Kistlerhofstr. 70
81379 München
kontakt@emf-verlag.de

EIN BUCH DER EDITION MICHAEL FISCHER

1. Auflage 2025

Cover, Layout & Satz: Silvia Keller

Redaktion und Lektorat: Anna-Lena Prill

Bildnachweis: Unsplash, außer: S. 1, 58, 61, 107 © HamzanadeemBaig / Shutterstock, S. 5, 185 © Frode Koppang / Shutterstock

ISBN 978-3-7459-2814-3

Gedruckt bei PNB Print, Silakrogs, Ropazu novads, LV-2133 Lettland

www.emf-verlag.de